LA FEMME OMANAISE SUR LE CHEMIN DE LA PARITÉ

Regards croisés sur Oman

Collection dirigée par Georges Sassine

Cette collection est dédiée à la découverte du Sultanat d'Oman, un pays qui joue un rôle central mais discret dans une région névralgique, et qui est peu connu des lecteurs francophones. Elle présente la géopolitique de ce pays pivot, les acquis réalisés, depuis 50 ans, dans les domaines politique, économique social et culturel, ainsi que les défis à relever dans les décennies à venir.

Coordonné par
Georges Sassine

LA FEMME OMANAISE SUR LE CHEMIN DE LA PARITÉ

L'Harmattan

5-7, rue de l'Ecole-Polytechnique, 75005 Paris
http://www.editions-harmattan.fr
ISBN : 978-2-343-18545-3
EAN : 9782343185453

PRÉSENTATION

À l'invitation conjointe de Jean-Marie Bockel, sénateur du Haut-Rhin, président du Groupe d'amitié France-pays du Golfe et ancien ministre, du Dr Sheikh Ghazi Saïd Albahar Al Rawas, ambassadeur du Sultanat d'Oman en France, ainsi que de Pierre Médevielle, sénateur de la Haute-Garonne, président délégué du Groupe d'amitié France-Oman, un colloque sur « La place et la condition de la femme dans la société omanaise » a été animé par la journaliste Leila Murr, le 22 octobre 2018 au Palais du Luxembourg (Sénat).

Étant le premier colloque en France qui traite de la condition de la femme omanaise, nous avons trouvé judicieux d'en publier les actes ainsi que des statistiques et des analyses en annexe apportant un éclairage inédit sur ce sujet.

Remerciements

Remerciements au président du Conseil d'État omanais, Dr Yahya Bin Mahfoudh Al Mantheri, à sa vice-présidente, Dr Suad Al Lawati et à Son Excellence l'ambassadeur d'Oman en France, Dr Ghazi Al Rawas pour leurs encouragements et soutien.

« Dès le commencement de cette ère, nous avons veillé à ce que la femme omanaise participe à la marche bénie de la Renaissance. Nous lui avons ouvert les opportunités de l'éducation, de la formation et de l'emploi. Nous avons soutenu son rôle et sa place dans la société, mis l'accent sur la nécessité qu'elle contribue à tous les domaines du développement. Nous lui avons rendu tout cela accessible à travers les lois et les réglementations qui lui garantissent ses droits, lui clarifient ses obligations et qui la rendent capable de s'émanciper par elle-même, par ses expertises et par son savoir-faire afin qu'elle s'investisse dans l'édification de sa patrie et œuvre pour sa grandeur. Nous continuerons sur cette voie, si Dieu le veut, convaincus que nous sommes que la patrie a besoin, dans sa marche bénie, de l'implication de l'homme et de la femme à l'instar sans doute d'un oiseau qui a besoin de ses deux ailes pour s'envoler vers les grands horizons. Car, peut-on l'imaginer capable de s'envoler si l'une de ses deux ailes est brisée ou fait défaut ? »

Extrait du discours de Sa Majesté
le Sultan Qaboos bin Saïd lors de l'inauguration
de la session annuelle du Conseil d'Oman en 2009.

SOMMAIRE

INTRODUCTION

Oman, un exemple positif d'application du droit de la femme[1]

Jean-Marie Bockel

J'ai le plaisir de vous accueillir dans la Salle René Monory, qui est aussi la salle de la commission des Affaires étrangères et de la Défense, à laquelle j'appartiens.

Le Groupe d'amitié que je préside, et qui compte 36 sénateurs membres (ce qui est beaucoup, plus de 10 % du Sénat), recouvre les 6 pays du Conseil de coopération des États arabes du Golfe (CCEAG ou GCC en anglais). Parmi ces pays, Oman occupe une place singulière :

- Par sa situation géographique, contrôlant le stratégique détroit d'Ormuz, d'une part, et tourné vers l'océan Indien et l'Afrique, d'autre part ;
- Par sa gouvernance, marquée par l'action visionnaire du Sultan Qaboos, qui a transformé en cinquante ans ce pays pour en faire un pays

[1] Allocution introductive du Sénateur Jean-Marie Bockel au colloque : La place et la condition de la femme dans la société omanaise, tenue au Sénat français le lundi 22 octobre 2018.

moderne et très tourné sur le monde, sans rien renier de son identité et de ses traditions ;

- Par son action internationale, toujours empreinte de modération et de souci de favoriser la stabilité d'une région sur laquelle pèsent tant de tensions. Les innombrables actions de médiation et de conciliation d'Oman sont connues, je tiens à les saluer à nouveau ici, et je voudrais notamment adresser, par votre intermédiaire, Monsieur l'Ambassadeur, nos remerciements à l'action des autorités omanaises pour la libération la semaine dernière de notre compatriote Alain Goma.

Ce sont sans doute ces singularités, et l'engagement personnel du Sultan, qui expliquent qu'Oman ait été le premier des 6 pays du CCEAG à reconnaître le droit de vote des femmes, il y a plus de vingt ans.

Aujourd'hui, il y a 7 femmes maires dans le pays, et vous savez l'importance que les sénateurs accordent au mandat municipal dans le système municipal français.

Je voudrais dire enfin que mon intérêt personnel pour Oman est ancien. J'ai d'ailleurs occupé les fonctions de président délégué de notre Groupe d'amitié avec Oman, de 2011 à 2014, fonction occupée aujourd'hui par notre collègue Pierre Médevielle. J'avais eu l'occasion, dans ce cadre, de participer à la dernière mission de notre Groupe d'amitié à Oman, au printemps 2012, ce qui m'avait notamment permis de visiter le Conseil d'État.

Au cours des dernières années, dans toutes les réunions où les États du Golfe étaient mentionnés, les sujets étaient axés sur les aspects politiques ou les guerres, mais il s'agit là d'un moment privilégié, de se réunir pour évoquer les mérites du Sultanat d'Oman dans le domaine des droits de la femme, leur statut et leur rôle efficace à côté de l'homme dans un pays soucieux de l'égalité entre femme et homme, et qui est un exemple positif d'application du droit de la femme.

Sans être plus long, je vous souhaite à nouveau la bienvenue au Sénat pour approfondir le sujet majeur de la place des femmes dans la société omanaise.

Il y a 6 000 ans, une femme, la reine Shamsa, a dirigé Oman !

Sheikh Dr Ghazi Al Rawas,
ambassadeur d'Oman

Monsieur le Sénateur Jean-Marie Bockel,

Mesdames et Messieurs les Sénateurs,

Messieurs les Ambassadeurs,

Mesdames et Messieurs,

Tout d'abord, je voudrais remercier Monsieur le Sénateur Jean-Marie Bockel, Madame la Sénatrice Nathalie Goulet et Monsieur le Sénateur Pierre Médevielle pour tous les efforts déployés afin de mettre en place cette table ronde concernant les femmes omanaises, leurs rôles et leurs responsabilités.

Je voudrais également remercier Son Excellence Dr Suad Al Lawati, vice-présidente du Conseil d'État (Sénat) pour avoir répondu à notre invitation, accompagnée de Mme Dr Safia Al Sharji, en tant qu'intervenantes principales, afin de détailler les progrès réalisés par les femmes omanaises sur les plans politique, économique et social.

Je profite de cette occasion pour adresser mes vœux aux femmes omanaises à l'occasion de la Journée de la femme omanaise, qui a lieu comme chaque année le 17 octobre.

Mesdames et Messieurs,

Sa Majesté le Sultan Qaboos accorde depuis la Renaissance en 1970 une priorité absolue pour que les femmes omanaises participent aux efforts du développement par le biais de l'éducation et la formation ce qui renforce leur rôle au service de la société.

Le Sultanat a fait de grands progrès en les soutenant et en leur confiant des responsabilités dans tous les domaines, en raison de leurs compétences et de leur rôle de pionnières.

Il convient de noter que le Sultanat a déjà connu au cours de l'histoire, l'accès au pouvoir d'une femme, à savoir la reine Shamsa qui a dirigé Oman au quatrième millénaire avant notre ère.

Oman était à cette époque, un des pays les plus importants pour l'extraction du cuivre, ce qui était l'objet d'une concurrence régionale et au-delà.

Pour sauvegarder cette ressource, la reine d'Oman a envoyé au roi Sargon d'Akkad, en Mésopotamie, le message suivant : « Si je dois être vaincue, autant l'être par vous, sinon venez à mon secours et je n'aurai alors plus de crainte ».

Sargon répondit à l'invitation de la reine Shamsa et nomma un représentant à Oman en signant un accord avec elle.

Si tel était le statut de la femme omanaise il y a 6 000 ans, qu'en est-il de sa position aujourd'hui ?

Je laisse aux intervenants le soin d'y répondre.

Je vous remercie de votre attention et vous souhaite un bon débat.

L'égalité est un tournant sociétal et progressif

Pierre Médevielle[1]

Le Sultanat d'Oman représente, pour nous Européens, le trait d'union entre les civilisations arabe et orientale. Sa situation géographique, sur le détroit d'Ormuz, entre l'Iran, l'Arabie saoudite et le Yémen, incite les Omanais à la plus grande prudence en matière de diplomatie.

Ils ont su élever leur capacité de dialogue et d'écoute au rang d'institution et les interventions du Sultan Qaboos bin Saïd ont très souvent permis de trouver un consensus aux situations les plus délicates.

En trois mots, Oman représente sagesse, force et beauté.

Premier pays de la région du Golfe à avoir accordé le droit de vote aux femmes dans les années 1990, le Sultanat d'Oman, pays entre tradition et modernité, ouvre progressivement sa sphère politique et professionnelle aux femmes.

Les droits politiques des femmes omanaises sont aujourd'hui protégés par la loi. Les femmes s'impliquent

---

[1] Allocution du Sénateur Pierre Médevielle, Président délégué pour Oman au Groupe d'amitié France-pays du Golfe.

dans la vie publique du pays de la même manière que les hommes, même si elles sont encore minoritaires à l'heure actuelle.

Elles occupent également des responsabilités dans les secteurs de l'économie, de l'éducation et de la santé, sans oublier le tissu associatif féminin qui s'avère important.

En France, le principe de parité s'est imposé brutalement dans le monde politique. Je ne pense pas que cette égalité « numérique » soit adaptable de manière immédiate et universelle.

Chaque pays, fort de son histoire, mène ses propres réformes au rythme qui est le sien. Je me réjouis que le Sultanat d'Oman prenne ce tournant sociétal de manière naturelle et progressive.

Aujourd'hui, les jeunes femmes omanaises sont instruites, elles réussissent brillamment leur parcours dans les écoles et les universités, et présentent un avenir prometteur pour leur évolution personnelle, leur émancipation, et également pour le rayonnement de leur pays.

INTERVENTIONS ET DÉBATS

La femme dans le processus omanais de développement

Dr Suad Al-Lawati[1]

Les relations franco-omanaises se distinguent par leur dimension et leur profondeur historiques. Envisagées sous des angles divers, ces relations remontent à plus de trois siècles. Les éléments d'interaction entre les deux pays, liés par des liens d'amitié, s'expriment au travers d'étapes multiples de leur histoire commune. Le parcours historique et civilisationnel du Sultanat d'Oman et la présence omanaise en Afrique de l'Est et dans l'océan Indien ainsi que la contribution d'Oman à la civilisation humaine sont venus confirmer le rôle et l'importance des relations franco-omanaises. Celles-ci se sont exprimées autant dans le domaine politique que dans les champs économique, civilisationnel, social et militaire. Par le biais

[1] Dr Suad Al-Lawati, vice-présidente du Conseil d'État (Sénat) du Sultanat d'Oman et Professeure associée à l'Université Sultan Qaboos, a présenté une vue panoramique et une analyse détaillée du rôle central de la femme omanaise dans le développement global du Sultanat.

de ces interactions, les échanges culturels ainsi que les processus de communication civilisationnelle aspirent à énoncer et confirmer, dans chacun des domaines de coopération précités, une vision commune associant le Sultanat d'Oman et la République française. Elles visent également à les mettre en valeur, à leur donner une dimension concrète, et assurer leur pérennité. L'objectif de ces échanges est aussi de permettre leur évolution positive, l'approfondissement des liens d'amitié et la consolidation de la relation entre les deux pays. Je me réjouis d'être parmi vous aujourd'hui afin d'aborder la question de la place de la femme omanaise dans la société et d'échanger nos expériences culturelles dans ce domaine.

J'aborderai pour ma part la question sous trois axes d'analyse :

- En premier lieu, les politiques de protection sociale dont bénéficie la femme omanaise.
- En deuxième lieu, la participation sociétale de la femme omanaise dans les domaines du développement.
- En troisième lieu, le rôle du Conseil d'État (Sénat) dans l'élaboration des politiques et des lois relatives aux droits de la femme.

La participation de la femme omanaise dans le domaine d'un développement orienté vers l'édification de la nation plonge ses racines dans l'héritage historique et civilisationnel de la société omanaise. Celle-ci a été marquée tout au long de ses phases historiques successives par une présence forte de la femme dans tous les domaines. Cette présence a connu une impulsion vigoureuse dans le champ du développement avec l'inauguration de la phase dite de « Renaissance omanaise » conduite par SM le Sultan Qaboos bin Saïd. Inaugurée en 1970, cette période a constitué un moment de métamorphose sociétale déterminant. Elle a déterminé une réviviscence qui a abouti à un changement profond de la vie au sein du Sultanat et permis l'impulsion d'une phase nouvelle de construction et de développement. Elle a aussi permis, ce faisant, l'avènement d'un État moderne capable de garantir à tous le respect des principes de justice, d'équité et d'égalité des chances.

La Chari'a islamique constitue le fondement de la législation dans le Sultanat, conformément à l'article 2 de la Loi fondamentale de l'État promulguée par le décret 96/101 du Sultan. Ces dispositions législatives ont donné à la femme omanaise ses droits juridiques. Les législations omanaises à caractère social relatives à la femme ont été adoptées de manière à respecter les droits de celle-ci et assurer sa protection. Ces dispositions ont été confirmées par des orientations politiques constantes. La réalité législative et juridique du Sultanat a connu une tendance générale de progrès et de transcendance.

Les textes législatifs, par principe, ont garanti l'égalité de l'homme et de la femme. Certaines dispositions ont toutefois établi des distinctions en raison de considérations multiples liées au rôle social de la femme, à sa constitution naturelle ou à des impératifs d'intérêt général. Cependant, la Loi fondamentale de l'État exprimée en son article 17 stipule que l'ensemble des citoyens sont, au regard de la loi, égaux en droits et en devoirs, et que rien ne saurait les distinguer. Tel est le fondement originel qui sert de soubassement aux actes législatifs au sein du Sultanat. Je dois également dire que ce principe n'était pas absent des dispositions législatives antérieures à la promulgation de la Loi fondamentale, mais qu'il était déjà intégré aux principes en vigueur, garanti et reconnu dans de nombreux domaines, par les textes antérieurs à cette dernière, notamment en ce qui a trait au principe d'égalité entre les femmes et les hommes.

Les droits de la femme sont ainsi notamment garantis et assurés dans les domaines suivants : la loi sur le Travail, la loi sur le Service civil (la fonction publique), la loi sur l'état civil, la loi sur la Sécurité sociale, les droits de propriété, de commerce et d'activité professionnelle, enfin les lois et dispositions législatives spécifiques aux institutions sociales.

La loi omanaise sur le Travail publiée par le décret 35/2003 du Sultan constitue un exemple de législation assurant les droits de la femme. Cette loi garantit le droit de la femme au travail au même titre et à égalité avec l'homme. Cette loi s'adresse aux travailleurs indépendamment de la question de genre. Des textes spécifiques ont même prévu des dispositions donnant à la femme des avantages supplémentaires.

La loi sur le Service civil constitue le cadre législatif général qui organise la fonction publique au sein de l'appareil administratif de l'État. Ses dispositions s'adressent au fonctionnaire sans distinction quelconque entre les femmes et les hommes. Cette loi a confirmé le principe ancré dans l'article 12 de la Loi fondamentale de l'État qui consacre l'égalité totale des fonctionnaires dans l'exercice de la fonction publique conformément aux dispositions législatives. De plus, des agencements spécifiques ont été prévus par le législateur afin de mettre l'activité de la femme en conformité avec sa nature, et lui permettre l'exercice optimal de sa mission tant sociale qu'au sein de la fonction publique.

La loi sur l'état civil adoptée par le décret 32/97 du Sultan a garanti à la femme, pour sa part, les droits et la protection sociale de nature à préserver une relation équilibrée avec l'homme, fondée sur les principes de justice et d'équité.

La loi sur la Sécurité sociale ainsi que la loi sur les régimes d'assurance sociale assurent également à la femme un salaire garanti dans les cas spécifiques de dissociation sociale.

Dans le cadre de l'article 11 de la Loi fondamentale, lequel garantit et protège le droit de propriété, la femme se voit assurer le droit d'accès à la propriété et le droit à la gestion et à l'administration de ses biens et de ses finances propres.

Quant à la loi sur le Commerce (décret 55/90 du Sultan), elle garantit à la femme l'égalité totale dans l'exercice de ce type d'activité.

Les législations omanaises ont également garanti à la femme le droit à la propriété, à l'exploitation de ses biens, ainsi que le droit à en disposer et en jouir sous quelque forme que ce soit. Ce droit est stipulé par l'article 11 de la Loi fondamentale qui protège la propriété privée et assure à la femme un statut financier indépendant de celui de sa famille et/ou de son époux. Les législations omanaises accordent aussi à la femme le droit de s'approprier des terrains constructibles au même titre que l'homme et sans aucune discrimination (décret 125/2008 du Sultan). Ce décret a amendé le règlement d'accès aux terres domaniales au vu du rôle joué par la femme dans la croissance et sa contribution efficiente au processus de développement immobilier ce qui lui a permis d'accéder aux mêmes droits et, partant, aux mêmes devoirs que les hommes. C'est ainsi que sur la période 2012-2016, les femmes omanaises ont obtenu soixante pour cent de l'ensemble des terrains octroyés par l'État.

Par ailleurs la femme omanaise a su cultiver ses capacités et ses potentiels. Grâce à l'extension et l'essor de l'éducation et de la formation professionnelle, elle a investi la vie publique en s'adossant au principe de l'égalité des chances. Ce faisant, elle a réussi à être partie prenante dans la construction et le développement de la société. En exerçant les droits qui étaient les siens, elle a réussi à transformer de simples textes juridiques en pratiques concrètes. Elle est ainsi parvenue à confirmer sa présence active et éminente au sein de sa société, tant sur les plans éducationnels que culturels ou politiques.

La participation de la femme à la vie sociétale est devenue un impératif absolu qui s'inscrit dans les mutations et les défis mondiaux. Cette participation a pour finalité de lui permettre d'assumer le rôle et les responsabilités qui doivent être les siens, directement ou indirectement, dans le développement et la construction de la nation. Cette participation est essentielle dans les processus sociaux, éducationnels, économiques et politiques qui affectent directement sa vie propre. Cela se réalisera par son accès à la formation et à l'action participative au sein de la société et, ce faisant, à sa contribution directe au développement.

L'importance de la participation sociétale de la femme omanaise revêt les dimensions suivantes :

- L'intégration de la femme dans le processus de développement et sa participation à la planification et à l'élaboration des politiques constituent l'un des principaux objectifs du développement durable.

- Cette intégration confirme le rôle croissant de la femme aux côtés de l'homme et de l'État, dans l'exécution des plans et des stratégies de développement.
- Elle constitue l'un des principaux facteurs de détection et d'exploration des besoins sociétaux, d'identification des priorités et de choix des programmes et projets pertinents permettant de répondre aux exigences afférentes.
- Elle permet d'élargir le spectre de succès et d'efficience des projets de développement social, éducationnel, économique et politique.

Par l'éducation, l'acquisition de compétences et la formation, la femme omanaise a atteint un haut degré de participation sociétale. Celle-ci s'est caractérisée par :

- Une mission et un message clairement définis ;
- Une vision critique et un véritable désir d'évolution et de changement ;
- L'intériorisation profonde de la notion d'habilitation, de compétence et de renforcement des capacités et des potentiels (autonomisation) ;
- La structuration efficiente de la communication avec autrui ;
- La transformation qualitative et la diversification de la participation au sein des sociétés locales ;
- L'acquisition de compétences en matière d'administration, de planification, de coordination, de suivi et d'évaluation.

Pour toutes ces raisons, l'image de la femme omanaise s'est trouvée aujourd'hui transformée. Elle occupe une place importante désormais en tous lieux et à tous les niveaux d'activité, y compris dans le domaine militaire. En ce qui concerne la fonction publique, la femme omanaise a obtenu le même niveau d'emploi que les hommes dans tous les domaines et à salaire égal. Cela a répondu au principe, pour nous essentiel, d'investissement dans le capital humain et dans le potentiel et les capacités du citoyen omanais, grâce à l'éducation et la formation que nous considérons comme le moyen le meilleur de parvenir à la prospérité et au progrès. C'est ainsi que la proportion des femmes dans la fonction publique a atteint quarante-deux pour cent de l'ensemble des fonctionnaires pour l'année 2017.

Dans les professions médicales, la proportion des femmes a dépassé celle des hommes pour atteindre, en 2016, soixante et un pour cent de l'ensemble de la profession. La femme omanaise ne s'est pas contentée d'occuper des postes de direction et de responsabilité diversifiés, mais elle s'est également employée à élargir ses horizons d'activité de manière à enrichir simultanément sa propre sphère professionnelle et contribuer à l'enrichissement de la société dans son entièreté.

En tant qu'intellectuelle, elle a enrichi le champ littéraire dans le domaine de la poésie et de la littérature. Elle a investi le champ des arts sous leurs formes les plus diverses. Sans compter les rôles assumés en complément de l'activité des hommes. Elle s'est ainsi construit une dimension d'autonomie et d'indépendance qui lui a permis d'apporter une contribution fondamentale dans l'ensemble des activités de la société. Cela s'est notamment répercuté sur le niveau de participation de la femme dans l'économie. Ainsi, la proportion des femmes actives dans le secteur privé a atteint 25,4 pour cent et cette proportion s'accroît annuellement. Ce qui confirme par ailleurs la croissance de la participation de la femme omanaise dans l'activité économique en général.

Je dois également relever que les femmes chefs d'entreprise, détentrices de leurs propres sociétés constituent vingt-trois pour cent de l'entrepreneuriat dans le Sultanat. Ce qui a permis de constituer un Forum des femmes chefs d'entreprise au sein de la Chambre de Commerce et d'Industrie d'Oman. Dans plusieurs régions, ce sont les listes constituées par ces femmes qui ont été choisies.

Par ailleurs, et dans la perspective de la politique de développement durable qui est la nôtre, et sous l'impulsion du chef de l'État (décret du Sultan 6/2013), le Fonds d'investissement omanais assure un soutien aux femmes entrepreneurs. Ce soutien a été inauguré avec un capital de soixante-dix millions de rials omanais auxquels viennent s'ajouter sept millions de rials annuels. Le Fonds soutient notamment le programme « Sanad » qui vient en appui aux petites et moyennes entreprises. En 2015, soixante-dix pour cent de femmes contre trente pour cent d'hommes ont bénéficié de ce programme. D'autres programmes ciblent également les femmes et notamment le programme « Rezk » élaboré par le ministère du Développement social, et les programmes agricoles d'aide à la « Femme Rurale », mis en place par le ministère de l'Agriculture et des Ressources et Richesses halieutiques. Dans le cadre de ce dernier programme, quatre centres de production basés sur l'activité de production gérée par des femmes ont été mis en place en 2016 associant près de 170 membres. La perspective envisagée dans le cadre de ces programmes est de développer les PME-PMI et d'aider les jeunes femmes d'entreprise à déployer leur activité dans le cadre de l'économie nationale afin de renforcer celle-ci, notamment dans les secteurs productifs, tout en diversifiant les sources de revenus.

C'est également dans cet état d'esprit qu'a été constituée la « Commission de la Femme Travailleur ». Cette Commission est dédiée à l'ensemble des questions liées à la femme au travail, et au renforcement de sa participation à l'action syndicale. La présidente de la Commission est membre de droit de la Commission de la Femme Arabe qui relève de l'Organisation Arabe du Travail et elle est également membre du conseil central de la Confédération Internationale des Syndicats.

Dans le domaine social, des associations dédiées aux activités des femmes ont été constituées. La loi d'organisation des clubs et associations de femmes a été promulguée en 1972. Toutefois, la première association féminine omanaise, à Mascate, y a été antérieure, mais elle a bénéficié du plein soutien des autorités gouvernementales. Désormais, on compte plus de 59 associations féminines réparties dans l'ensemble des gouvernorats et des régions. Elles bénéficient du soutien public. Ceci sans compter la participation active de la femme omanaise, tant dans le cadre des associations professionnelles que dans celui du bénévolat à caractère civil.

En parallèle, des commissions nationales ont été constituées. Parmi les plus éminentes figurent notamment :

- La Commission Nationale des Affaires Familiales : celle-ci regroupe l'ensemble des organismes gouvernementaux et publics chargés des questions de la femme et de l'élaboration des politiques concernant la famille omanaise.
- La Commission Nationale des Droits de l'Homme : dédiée aux droits de l'Homme, elle a pour mission de renforcer la coopération constructive entre les autorités et les pouvoirs publics, et les organisations de la société civile. Cette commission est formée des représentants des institutions gouvernementales et des organismes et institutions de la société civile. Les femmes en représentent vingt et un pour cent des effectifs.
- La Commission Nationale de Lutte contre le trafic d'êtres humains : son objectif est d'élaborer le plan annuel ayant pour finalité de relever le niveau de conscience des citoyens dans ce domaine et d'assurer à ces derniers, ainsi qu'aux résidents, une protection contre le trafic d'êtres humains.

Le gouvernement du Sultanat d'Oman organise par ailleurs de manière suivie des conférences spécialisées dans le but de raffermir et consolider le rang de la femme dans la vie publique, ainsi que le rôle et la place qui doivent être les siens dans le processus de développement. Les autorités accordent une attention, une importance, une valeur et un intérêt tout particuliers aux conférences et aux instances internationales spécialisées et spécifiques des questions féminines.

Dans cet esprit, les autorités tendent à transposer dans la législation nationale les dispositions générales adoptées par les organisations multilatérales en ce qui concerne l'affermissement des capacités et des potentiels de la femme, afin que celle-ci assume pleinement son rôle dans la société. Les accords internationaux y afférents sont examinés en profondeur, et le suivi des innovations dans ce domaine est assuré dans le cadre d'une politique soutenue. Il a résulté de cette dernière la dimension d'appréciation positive qui a marqué l'ensemble des études et des rapports établis sur la situation de la femme omanaise. Cette politique a été également consolidée par le décret 42/2005 du Sultan qui a permis de ratifier la « Convention internationale sur l'élimination de toutes les formes de discrimination à l'égard des femmes » (CEDAW-ONU). Plus récemment, à l'occasion de la soixante-huitième session de cette instance, l'ensemble des membres du Comité international de la Convention a mis en évidence et salué les progrès réalisés par le Sultanat d'Oman dans le domaine de l'égalité et du développement des potentiels et des capacités des femmes dans tous les domaines.

La participation à la vie politique est l'expression la plus importante de la démocratie. Sur elle repose la contribution égalitaire des citoyens et des citoyennes au service de la patrie dans une perspective de développement durable. L'extension de cette participation politique citoyenne vise à associer la société aux prises de décisions relatives à la vie publique, afin d'impulser le développement du pays. Les dynamiques du processus de développement et la diversification de ses parcours, tout autant que la multiplicité de ses nécessités catégorielles, imposent, par leur nature même, la participation politique de chaque homme et de chaque femme au sein de la société.

L'entrée de la femme de plain-pied dans le champ politique, sa participation réelle et véritable à la prise de décision, ainsi que sa capacité à occuper des postes de pouvoir, constituent une dimension fondamentale de l'égalité et du développement durable. Le droit de la femme à l'égalité dans tous les domaines est un droit naturel qui lui est conféré par son statut d'être humain, ainsi que par son action et son influence au sein de la vie elle-même. Dans les adresses au peuple d'Oman, dès les années soixante-dix du siècle dernier, SM le Sultan a exhorté les femmes à participer au développement et à la construction de la nation. Dans le discours d'ouverture qui a accompagné l'installation du Conseil d'Oman le 16 novembre 2009, SM le Sultan Qaboos bin Saïd en a réaffirmé le principe, en assurant que, dans sa marche vers le progrès, la nation avait besoin du concours et de la conjonction des efforts de tous, hommes et femmes, à l'instar des deux ailes de l'oiseau qui lui permettent de prendre son envol. Lui serait-il loisible de s'élever dans les cieux si l'une de ces deux ailes venait à se briser ?

C'est donc à la faveur de cette impulsion que la femme omanaise a entamé le parcours de progrès qui lui a permis de redéfinir son rôle national aux côtés de l'homme, et de participer à la construction de notre pays et de notre nation, tout en contribuant aux objectifs de son développement. Dans le cadre de ce parcours, et dans un laps de temps relativement court, la femme omanaise a pu réaliser de profondes avancées dans le domaine de la vie parlementaire, tout en investissant les sphères de la prise de décision.

Cette évolution a été illustrée par les positions dirigeantes occupées par la femme omanaise aux plus hauts niveaux de responsabilité : ministre, secrétaire d'État, ambassadeur, Procureur général adjoint, membre des deux Chambres législatives, i.e. le Conseil d'État (Sénat, désigné) et le Majlis al-Choura (Parlement élu au suffrage universel), membre du Conseil national des hommes et femmes d'affaires, Conseil municipal, membre du Conseil d'administration de la Chambre de Commerce et d'Industrie d'Oman, etc. Ceci sans compter la haute fonction publique, tant à l'intérieur du Sultanat qu'au niveau international : directeur général, directeur administratif, conseiller, expert… Cette situation ne date pas d'aujourd'hui. C'est au tout début des années quatre-vingt du siècle écoulé qu'une femme a occupé la fonction de directeur général, et qu'en 1988, la première Secrétaire d'État a été nommée. La participation de la femme à la vie publique a connu depuis un essor exponentiel.

Du point de vue historique, la participation politique des femmes a été inaugurée en 1994 avec le deuxième mandat du Majlis al-Choura. Des femmes ont gagné la confiance des électeurs et ont été élues au Parlement. Auparavant, les femmes avaient déjà acquis leurs droits électoraux (le droit de vote), notamment lors des élections régionales où elles représentent près de la moitié des votants des différents gouvernorats (wilayas) du pays. Dans le cadre du mandat en cours du Conseil d'État, elles représentent neuf pour cent des membres du Sénat et elles ont atteint la proportion de dix-sept pour cent des membres élus du Majlis lors de la sixième mandature.

Par sa contribution vigoureuse à l'étude des textes législatifs, des plans et des projets de développement, à l'évolution des performances de l'administration gouvernementale, sous la perspective des intérêts présents et futurs des citoyens, et dans l'esprit des principes de progrès et de développement durable, ainsi que par l'exercice de sa responsabilité d'élue (par mandat électoral ou nomination) et par la mise en œuvre de ses compétences, la femme omanaise concourt fortement, sous l'ensemble de ces dimensions, à l'enracinement des pratiques démocratiques.

Dans cet esprit, le rôle du Conseil d'État est d'élaborer les lois et les politiques concernant les droits de la femme. La volonté politique est de mettre l'accent dans la phase à venir sur le développement social et économique de toutes les catégories de la société et notamment les femmes. La volonté est également de mettre en concordance et conformité les plans stratégiques et les textes législatifs avec les conventions, les accords et les traités régionaux et internationaux, de manière à réaliser les objectifs inscrits sous la notion de développement durable. L'un des rôles majeurs dévolus au Sénat a été d'examiner les stratégies sectorielles ainsi que les plans de développement social, économique, culturel, éducationnel, et de procéder à leur évaluation et à leur amendement lorsque cela s'avère indispensable. Le Sénat a également conduit des études propres, relatives au développement durable et à l'identification des faits sociétaux dominants en vue d'y apporter, lorsque nécessaire, une solution adéquate, tout en poursuivant l'élaboration générale des textes législatifs, la révision des lois en vigueur, et la définition des politiques nationales pertinentes. Le Conseil d'État a ainsi assumé directement l'élaboration des politiques et des lois relatives aux droits de la femme en soumettant notamment les études conduites par l'institution sénatoriale à l'examen des sénateurs et des parlementaires. Cela a été particulièrement manifeste en ce qui concerne les droits des femmes.

Je souhaite faire brièvement état ici de trois d'entre elles qui me paraissent significatives. Il s'agit des travaux et dispositions en lien avec les questions suivantes :

- Le dossier de consolidation de la situation et des droits des femmes ayant des personnes à charge, élaboré par la Commission sociale du Sénat en 2009. La recommandation du Sénat, en l'occurrence, a été de prendre impérativement en compte lors de l'élaboration des lois sociales, y compris dans les textes sur les retraites et la sécurité sociale, les conditions spécifiques de la femme ayant des personnes à charge, dans la perspective d'une amélioration de leurs conditions sociales et économiques.
- L'étude des mécanismes permettent de faire évoluer, et rendre plus performant le rôle des associations féminines omanaises. Il a été notamment recommandé de réviser la loi 14/2000 sur les associations civiles de manière à encourager ces organisations par le biais d'incitations à caractère législatif à intégrer le principe de durabilité dans leurs programmes et leurs pratiques.
- L'étude du dossier élaboré par la Commission sociale en 2004, relatif à la solidarité et l'entraide ainsi qu'à la sécurité sociale. Cet examen a mis l'accent sur l'importance des dispositions législatives dans ce domaine, et leur impact sur

l'amélioration de la situation sociale générale au sein du Sultanat. Ces dispositions ont intéressé certaines catégories vulnérables et notamment les personnes divorcées, répudiées ou victimes d'abandon de famille, ainsi que les veuves et les célibataires, de manière à leur donner une formation professionnelle leur permettant de gagner leur vie et d'intégrer les circuits de l'activité productive.

Le Sultanat d'Oman est la première terre arabe où se lève le soleil dans la partie sud-est de la péninsule arabique. Le 17 octobre de chaque année, dès les premiers rayons du soleil, les Omanaises célèbrent leur Jour de la Femme. Cette journée nationale veut rendre hommage au rôle efficient de celle-ci dans la société de notre pays tout en s'associant à la Journée internationale de la Femme.

Permettez-moi en guise de conclusion d'exprimer mes remerciements et ma haute considération au Président qui m'a accordé la possibilité de vous entretenir de la situation de la femme omanaise et de son parcours dans le domaine du développement, tout en souhaitant à tous, ainsi qu'à chacun et chacune d'entre vous, un avenir harmonieux et le meilleur des succès.

Oman : expérience migratoire et brassage de cultures

Dr Safia Mohamed Al Sharji[1]

Mesdames, Messieurs,

C'est avec grand plaisir que je prends la parole devant cette auguste assemblée, réunie dans le but de bâtir de solides relations de solidarité entre la France et le Sultanat d'Oman.

Je voudrais de prime abord exprimer mes sentiments de soutien à l'adresse des organisateurs de cette conférence qui avaient eu l'heureuse idée de lui avoir choisi comme thème : La place et la condition de la femme dans la société omanaise. Sans doute, ce thème permettra aux participants, d'une part, de bénéficier d'un cadre de réflexion sur les progrès et les enjeux de la protection des valeurs soutenant la femme dans la société omanaise, et d'échanger, d'autre part, nos expériences diverses et multiformes en vue de contribuer à bâtir des mécanismes d'échanges entre nos peuples respectifs, peuple de France, peuple d'Oman et peuples du monde.

[1] Allocution de Dr Safia Mohamed Al Sharji, professeure à la Faculté de Technologie de Mascate.

Ce thème est très significatif et évocateur du rôle de la femme dans la société omanaise, à travers notre histoire et grâce à l'œuvre et à l'implication personnelle de Sa Majesté le Sultan Qaboos bin Saïd Al Saïd, pour reconnaître la place de la femme dans le développement de la société omanaise et y consolider sa contribution.

Les mesures royales pour renforcer les valeurs culturelles et sociétales soutenant le rôle de la femme dans la vie quotidienne et les affaires publiques sont symbolisées par la journée du 17 octobre de chaque année, consacrée à la femme omanaise, sa condition et sa contribution dans la société, parallèlement à la date du 8 mars dédiée par les Nations unies et les États membres à la Journée internationale des Femmes.

Dans son rôle d'actrice dans l'édification et la transformation de la société omanaise, la contribution de la femme s'exprime d'une manière explicite dans le domaine de l'éducation à tous les niveaux, à partir de l'enseignement maternel jusqu'au niveau universitaire.

Il est de prime abord important de souligner que l'éducation et la formation du jeune Omanais en général et de la fille et femme omanaises en particulier sont au centre de l'effort national, sous l'orientation et la direction avisées de Sa Majesté Royale. Dans son premier discours adressé à la nation omanaise, il a exprimé de manière claire sa vision et son programme relatifs à l'éducation.

Mettant au premier plan l'éducation, le Sultan Qaboos a déclaré – je le cite :

« *Al-mouhimm houa al-'ilm wa law tahtal chajara* ». Ce qui se traduit par « L'important c'est l'éducation et le savoir, même quand ils sont acquis sous l'ombre d'un arbre » c'est-à-dire même si ce savoir est acquis dans des conditions modestes.

Les bases fondamentales de la valorisation de la femme omanaise prennent leurs racines profondes dans la tradition islamique. Celle-ci a notamment inspiré l'expérience migratoire, la rencontre et l'échange avec d'autres peuples que la nation omanaise a su intégrer et assimiler à travers les siècles.

L'Islam constitue le ciment culturel de la société omanaise. La situation passée et actuelle de la femme et sa projection dans l'avenir ne sauraient se comprendre en dehors de ce soubassement. En effet, les références religieuses et culturelles de l'Islam accordent à la femme une place primordiale dans l'éducation des enfants et des jeunes.

De manière particulière, dans sa découverte et son échange avec les peuples qui l'entourent, proches et lointains, la nation omanaise a su bâtir une tradition d'ouverture au dialogue des cultures.

Le peuple omanais a toujours le pied sur le continent et le regard vers la mer, ce qui a attiré une grande partie de ses fils et filles à migrer à travers les terres côtoyant l'océan Indien, des régions telles que le Baloutchistan au Pakistan en Asie, jusqu'aux zones insulaires et continentales d'Afrique orientale et centrale.

Mesdames, Messieurs,

De cette expérience d'un peuple voyageur, des Omanais de plusieurs générations ont vécu en symbiose avec diverses cultures linguistiques, comprenant les francophones du Congo et du Rwanda en Afrique centrale, les anglophones de la Tanzanie et du Kenya en Afrique orientale, les lusophones du Mozambique ainsi que différentes langues autochtones de l'Asie et de l'Afrique.

Durant la migration des Omanais, des communautés mixtes ont été façonnées telles que dans l'actuel Zanzibar. Des relations et des langues transcommunautaires se sont développées, créant ainsi un environnement d'échanges entre les peuples. Il est aussi reconnu qu'à travers ces migrations, les communautés omanaises ont construit leur prospérité à travers l'apport des femmes, alliant l'éducation des jeunes enfants à la participation dans les affaires commerciales de la famille.

En évoquant l'histoire de la nation omanaise, on ne peut faire l'impasse sur le rôle de premier plan qu'a joué une grande dame, Sayyida Moza bint Ahmed bin Saïd Al Busaidi. Cette femme hors pair a en effet joué un rôle militaire et politique déterminant au sommet de Sultanat d'Oman durant une période s'étendant sur le XVIIIe et XIXe siècle du calendrier universel, période où l'on observe aussi l'apogée du flux de migrations.

La sortie du terroir et la rencontre avec d'autres peuples ont en particulier favorisé l'acquisition de compétences diversifiées et l'éducation dont ont bénéficié beaucoup de filles et femmes.

Premièrement, il est à noter qu'avec le grand retour vers la terre-mère durant les années 1970 et 1980, le Sultanat a bénéficié d'un nombre significatif de qualifications et de compétences, formées à l'étranger durant les périodes migratoires.

Je citerai ici une autre femme remarquable, la Professeure Fatma Salem Seif Al Maamary qui se trouve au premier rang du palmarès des femmes pionnières omanaises dans le domaine de la connaissance et l'excellence. De toute la région du Golfe, hommes et femmes compris, la Professeure Fatma Al Maamary a été la première personnalité à accéder au diplôme de Doctorat d'État (PhD), acquis au Royaume-Uni en 1955. Elle fit son parcours académique essentiellement dans les Universités d'Égypte et a influencé la société omanaise contemporaine.

Deuxièmement, dans sa politique de renforcement du capital humain, le gouvernement a initié un programme d'envoi de jeunes étudiants et étudiantes omanais(es) pour des formations diversifiées à l'étranger. Grâce à cette politique d'envoi de boursiers à l'étranger, sans distinction entre hommes et femmes, le pays a pu bénéficier, en retour, d'une bonne élite expérimentée formée dans les meilleures universités du monde.

Mesdames et Messieurs,

Puisant dans ses valeurs islamiques et culturelles fondées sur le respect de la femme, de son expérience multiséculaire d'échange avec d'autres peuples, la nation omanaise aborde avec confiance les relations transnationales qui la lient actuellement au reste du monde. Elle a pu ainsi assimiler naturellement les réformes entreprises par Sa Majesté le Sultan Qaboos bin Saïd Al Saïd, prônant l'éducation pour tous, garçons comme filles, depuis la maternelle jusqu'au cycle universitaire.

La priorité accordée par le gouvernement à l'éducation et à l'acquisition de la connaissance est exprimée par le niveau des dépenses qui lui sont allouées par le budget public dont 16 % sont consacrés au secteur de l'enseignement, représentant plus de 6,5 % du produit intérieur brut. Cet investissement soutenu dans l'éducation a aussi été conçu de manière à assurer la scolarisation des filles à tous les niveaux de l'enseignement.

Cette politique est confirmée par les statistiques officielles. L'égalité d'accès à l'éducation, loin de rester un vœu pieux, est aujourd'hui une réalité à tel point que non seulement le nombre des filles scolarisées est égal ou dépasse celui des garçons, mais on constate aujourd'hui que le nombre des enseignantes dépasse, dans l'absolu, celui des hommes dans cette profession, et cela, à tous les niveaux de l'enseignement : maternelle, primaire et secondaire.

En conséquence, la progression de l'accès à l'enseignement supérieur pour les filles/femmes est remarquable, que ce soit pour les filières des sciences humaines, des études médicales, des sciences et de l'ingénierie. On observe ainsi des taux d'accès à l'enseignement supérieur pour les filles/femmes d'environ 60 %, dépassant celui des garçons et hommes. Ce niveau est soutenu par des taux nets de scolarisation des filles en primaire et au secondaire situés à pratiquement 100 % et 95 % respectivement.

Ainsi, pour une population d'environ 5 millions d'habitants dont la grande partie est en dessous de 35 ans et comprenant un nombre important de résidents temporaires, le nombre d'étudiants inscrits à l'enseignement supérieur est d'environ 95 000, soit une proportion d'environ 2 000 étudiants pour 100 000 habitants. Cette situation concerne uniquement les étudiants inscrits dans 69 institutions d'enseignement supérieur du pays, publiques et privées, sans compter un grand nombre d'autres étudiants soutenus par le gouvernement ou par leurs familles pour des études à l'étranger, que ce soit au Royaume-Uni, aux États-Unis d'Amérique, en Australie, au Canada, à Singapour, en Malaisie pour ne citer que quelques pays. Grâce à cet effort consacré à l'éducation, le Sultanat parvient à atteindre un chiffre annuel de 24 000 diplômées de l'enseignement supérieur.

En fin de compte, les avancées réalisées pour l'éducation et la formation en faveur de la fille et la femme omanaises ont ainsi assuré une présence de plus en plus étendue des femmes dans toutes les sphères professionnelles, étatiques et privées, administration publique, enseignement, médecine, banques, et autres.

Mesdames et Messieurs,

Les valeurs universellement partagées de promotion et de protection des droits fondamentaux, y compris les droits à l'éducation et à la carrière professionnelle pour la femme, ont trouvé un terrain favorable au Sultanat d'Oman. La célébration de la Journée de la Femme omanaise le 17 octobre de chaque année, constitue une occasion de mettre en évidence les efforts et progrès remarquables de la construction du Sultanat à travers la contribution de tous ses enfants, hommes et femmes.

La préparation à travers l'éducation de la jeune fille et de la femme omanaise à jouer un rôle de plus en plus actif dans la société, est sanctionnée par l'accès à des postes de responsabilités publiques et professionnelles pour les femmes.

Bâtie à travers une histoire d'ouverture à d'autres peuples, la nation omanaise a tous les atouts pour embrasser et soutenir l'échange et le dialogue des cultures, impliquant sans distinction tous les fils et filles du Sultanat.

Je vous remercie pour votre aimable attention.

La femme omanaise entre héritage et modernité

Orass Zibaoui[1]

Il est de prime abord important de souligner que le Sultanat d'Oman est resté à l'écart du cercle de violence qui frappe, depuis des années, un certain nombre de pays arabes, réduisant des cités antiques en un amas de ruines. La raison de cette exception réside dans la politique de tolérance et d'ouverture sur toutes les ethnies, les religions et les langues en vigueur. Elle s'explique également par la reconnaissance du droit à la différence, première condition pour parvenir à la paix, à l'instauration de l'égalité juridique et civile entre hommes et femmes. Elle se trouve enfin dans le pari pris sur la modernisation de l'enseignement, porte d'entrée principale vers la modernisation de la société omanaise.

Si les défis qu'affronte la femme omanaise sont les mêmes que ceux rencontrés par les femmes dans l'ensemble du monde arabe, on constate toutefois que sa présence, ses acquis et son rôle dans la société n'ont cessé de croître et de se consolider depuis 1970. Cela est visible à tous les niveaux, à celui de ses droits sociaux,

[1] Orass Zibaoui est journaliste.

économiques et politiques, notamment le droit de voter et de se porter candidate à des mandats électifs et à des postes de responsabilité. Il convient par ailleurs de souligner que le Sultanat d'Oman a accordé à la femme le droit de voter et de se porter candidate dès 1994, devenant ainsi le premier pays arabe du Golfe à se doter d'une telle législation. On la trouve aujourd'hui à tous les échelons de la représentation politique : dans les conseils élus, les ministères et les conseils municipaux. Lors des dernières élections municipales portant sur la période 2017-2020, sept femmes ont été élues aux conseils municipaux.

La femme est également présente dans la vie économique et dans l'administration tout comme dans les médias et dans le monde de la culture et de l'art. Les Omanaises s'imposent désormais, tant sur le plan intérieur que sur le plan arabe et international, par leur talent et leur créativité dans les lettres, le théâtre, les arts plastiques. Elles sont bien présentes dans les rencontres culturelles et les biennales artistiques.

Comment réconcilier identité et modernité ?

Comment la femme omanaise a-t-elle pu opérer la synthèse entre héritage et ouverture sur le monde moderne ? Quel rôle pourrait-elle jouer aux côtés de l'homme, dans l'édification de la société civile ? Comment enfin pourrait-elle s'immerger dans le monde des nouvelles technologies et dans la révolution informatique pour en tirer le meilleur profit pour elle-même, sa famille et la société ?

La clé qui permet de répondre à toutes ces questions se trouve dans le niveau de son accession à toutes les branches du savoir. C'est la voie royale pour accéder au monde moderne et s'ouvrir à toutes ses ramifications et ses innovations. Plus aucune branche du savoir et de l'activité ne lui échappe désormais, y compris le monde de l'industrie.

La société omanaise est, sur ce point précis, l'une des rares sociétés arabes qui œuvrent sérieusement à réduire le fossé entre les deux sexes au niveau de l'éducation, la représentation politique et diplomatique. Cela a pour effet de valoriser par ricochet la place de la femme au sein de sa famille et dans l'éducation des enfants, piliers d'un avenir meilleur.

L'éducation comme levier pour une véritable égalité

C'est par l'accès à l'enseignement primaire, secondaire et universitaire que la femme omanaise a eu l'opportunité d'accéder à une véritable égalité avec l'homme dans tous les domaines et d'occuper des hauts postes de responsabilité (députée, ministre, ambassadrice).

La femme omanaise assure avec l'homme la représentation de son pays dans les instances internationales. Elle est bien présente dans le corps diplomatique, occupant même des postes d'ambassadeur dans de nombreux pays.

Cette promotion sociale est due à l'augmentation du niveau éducatif scientifique de la femme, une promotion qui a constitué un tournant essentiel, dans son parcours personnel mais aussi pour la société tout entière qui pourra désormais compter sur l'ensemble de ses acteurs pour se frayer un chemin vers un avenir meilleur, à l'instar des pays développés dans le monde où la femme joue désormais un rôle aussi important que l'homme.

Le rôle de la femme ne se limite pas au champ économique. Il s'étend à l'espace culturel et social en général où, forte de ses acquis, elle transmet son savoir à ses enfants et les incite à s'ouvrir sur la culture nationale et sur celle des autres pays.

Sur le plan rural, le soutien apporté par les autorités aux projets agricoles de la femme, que ce soit à l'intérieur du pays ou sur le littoral, a eu des retombées positives sur la production agricole et sur l'élevage.

Parallèlement, le ministère du Développement social, en collaboration avec le Fonds des Nations unies pour l'enfance (Unicef) a mis en œuvre une stratégie d'action décennale (2016-2025) basée sur trois piliers : le développement familial, le développement des compétences productives de la femme et la consolidation de sa participation politique et sociale en l'aidant à prendre conscience de ses droits et des défis qu'elle est amenée à relever pour renforcer et protéger la cellule familiale en tant que noyau central de la société.

Dans le cadre de l'engagement de la femme dans l'action sociale, le volontariat prend une place importante. Les centres et les associations dédiés au développement de la femme s'étendent dans toutes les villes et centres ruraux du Sultanat. Ils sont subventionnés et encouragés par l'État et couvrent des activités culturelles, sportives et sociales. Le secteur touristique, de son côté, est incité à s'ouvrir aux femmes d'autant plus qu'il connaît un dynamisme et une croissance importante et qu'il est appelé, dans les années à venir, à employer près de 10 % de la population active dans le Sultanat.

Les efforts inlassables fournis par l'État pour lutter contre l'analphabétisme ont largement contribué à l'accession de la femme au marché du travail. Alors que le taux d'analphabètes dépasse les 60 % dans certains pays arabes, il se situe sous la barre de 10 % à Oman.

La consolidation de la participation de la femme dans tous les domaines d'activité, aussi bien dans le secteur public que dans le secteur privé, n'aurait pu se faire sans les importantes mesures d'accompagnement consenties par les autorités. C'est dans cet esprit que le Sultanat d'Oman a adhéré en 2005 à la Convention sur l'élimination de toutes les formes de discrimination à l'égard des femmes (CEDAW), une convention votée par l'Assemblée générale des Nations unies le 18 décembre 1979. Cette convention bannit toute « discrimination à l'égard des femmes » et « *toute distinction, exclusion ou restriction fondée sur le sexe qui a pour effet ou pour but de compromettre ou de détruire la reconnaissance, la jouissance ou l'exercice par les femmes, quel que soit leur état matrimonial, sur la base de l'égalité de l'homme et de la femme, des droits de l'homme et des libertés fondamentales dans les domaines politique, économique, social, culturel et civil ou dans tout autre domaine.* »

Il va de soi que l'adhésion et la ratification par Oman de cette convention onusienne ont créé une nouvelle donne favorable à la protection des droits de la femme omanaise, en théorie et en pratique.

À la suite de cette ratification, le ministère du Développement social a entrepris, à travers toutes les provinces du Sultanat, de vastes campagnes de sensibilisation à ces questions auprès de toutes les catégories sociales (femmes, magistrats, police, étudiants...). Il s'agissait d'expliquer, de faire connaître et de diffuser très largement les clauses de cette convention et ses implications sur la vie des citoyens et citoyennes.

Notons au passage que la Constitution omanaise (Loi fondamentale) stipule que les hommes et les femmes sont égaux en droits et devoirs, sans distinction de race, de religion, d'origine, de couleur, de langue ou de confession.

La Constitution omanaise garantit les droits de la femme à l'éducation, à la santé, au travail, le droit de voter et de se porter candidate aux postes politiques, à gérer et à diriger les entreprises dans les affaires, le tourisme et les voyages.

Pour mieux affirmer le rôle de la femme dans la société, il a été décidé, depuis 2009, d'instaurer une Journée de la femme le 17 octobre de chaque année.

Notons enfin qu'en 2010, la loi sur l'octroi des passeports a été amendée pour permettre à la femme d'obtenir un passeport ou un titre de voyage sans passer par l'autorisation d'un tuteur mâle (père, mari ou frère…), comme c'était le cas auparavant.

En présentant ce témoignage sur la femme omanaise, je ne peux m'empêcher de vous communiquer mon expérience personnelle, en tant que femme de média, avec des femmes omanaises remarquables telles que la peintre Bdour al-Ryami, et la dramaturge Amina al-Rabi', que j'ai eu la chance de connaître de près et de rencontrer à plusieurs reprises à Paris, où elles venaient représenter leur pays lors d'événements culturels dédiés aux arts plastiques et au théâtre à Paris et dans bien d'autres capitales mondiales.

Ce qui m'a frappée lors de mes rencontres avec Bdour et Amina, c'est à quel point leurs expériences personnelles et professionnelles étaient en adéquation avec leur temps, à quel point elles étaient à la page pour tout ce qui touche à leur domaine d'activité et comment elles étaient en symbiose avec les innovations et les expériences pionnières dans l'art et le théâtre, sans oublier leur soif inassouvie de la connaissance au sens large du mot.

Bdour et Amina ne sont pas une exception. Elles sont deux gouttes d'eau dans une source qui ne cesse de jaillir contribuant aujourd'hui, avec bien d'autres, au rayonnement culturel de leur pays partout où elles vont.

Pour conclure, il convient de souligner à quel point la femme omanaise a su s'inspirer de ce qu'il y a de meilleur dans son héritage culturel en le mariant harmonieusement avec la modernité culturelle et scientifique universelle. Cette symbiose, on ne peut que le constater, a eu comme effet de la conforter dans son rôle central, responsable et efficient au sein de la société et, au-delà, de renforcer la famille comme cellule de base dans la société tout en préservant les grandes valeurs humaines dont elle se prévaut.

Je demande à mon gouvernement de tirer parti de l'expérience du Sultanat d'Oman dans le domaine de la tolérance et des droits des femmes

Pierre Joxe[1]

La France et les Français sont plutôt habitués traditionnellement à se tourner vers les pays arabes qu'ils ont connus pour des raisons historiques, alors que l'épisode du drapeau français accordé aux navires omanais qui rappelle l'importance du droit de la mer a été raconté devant moi par le Sultan Qaboos au Président François Mitterrand lors de sa première visite à Oman.

L'histoire de la France avec les pays arabes est généralement tragique : les colonies, la colonisation et la décolonisation des pays du Maghreb, le démembrement de l'Empire ottoman ainsi que le mandat confié par la Société des Nations à la France concernant la Syrie et le Liban.

Le Sultanat d'Oman, quant à lui, est un pays que les Français découvrent de plus en plus, pour des raisons plutôt touristiques, j'allais dire esthétiques, « *la beauté a une adresse, c'est Oman* ». C'est vrai que c'est une bonne

---

[1] Intervention de Pierre Joxe, ancien ministre, ancien membre du Conseil constitutionnel.

façon de découvrir un pays. Mais la raison la plus importante est celle évoquée par les sénateurs Bockel et Médevielle, à savoir que les Français découvrent le mode de vie omanais, les aptitudes diplomatiques et les conceptions religieuses d'Oman qui lui donnent une situation particulière dans un monde si exposé.

C'est Madame Orass Zibaoui qui disait tout à l'heure « *Oman n'est pas dans le cercle de violence régionale, la paix civile est liée à l'éducation et aux droits des femmes.* » Tout ceci donne à Oman, dans le monde et notamment dans le monde arabe, une place particulière que les Français apprécient. Pourquoi ? La France a effectivement connu l'histoire des droits des femmes, et lorsque vous rappeliez l'évolution de la situation de la femme omanaise, c'était impressionnant que Madame la Vice-présidente évoque plusieurs fois des mots comme Qanoun (loi) durant son exposé. Pour nous, Français, le droit canon, c'est le Qanoun majeur de la société française pendant des siècles. Et par l'évolution de la démocratie en France et des droits, c'est en se dégageant du « Qanoun » que l'Église catholique romaine s'est imposée à l'Europe en général et à la France en particulier. Je vous ai entendu plusieurs fois énumérer toutes les branches de droits et notamment les droits des femmes qui ont progressé dans votre pays.

Chez nous aussi, le premier droit des femmes à être reconnu, a été celui du droit social, celui d'interdire le travail des femmes dans les mines, ainsi que le travail des enfants en 1830. La deuxième grande loi est intervenue dans le domaine de l'éducation accordée aux garçons, alors que la première loi sur l'éducation des filles n'a été promulguée qu'à la fin du XIXe siècle, ce qui a établi une véritable égalité imposant l'école obligatoire pour les garçons et les filles.

Pour ce qui est des droits politiques, la France n'a pas été en avance. Par exemple, ma mère a voté pour la première fois en 1945. Elle qui admirait beaucoup la Grande-Bretagne se demandait pourquoi les Anglaises avaient le droit de voter et pas nous ? Elle répondait avec humour : « La France est bien le pays de la Déclaration des droits de l'homme et non pas de la Déclaration des droits de la femme. »

Cette évolution du droit au Sultanat est historiquement liée aux rapports avec le monde indien, où Oman avait des implantations, des relations et des liens profonds ainsi qu'avec le monde africain et Zanzibar qui étaient aussi sous votre influence... Ce caractère maritime et international très ancien, vous a un peu isolés de la péninsule arabe. Oman se trouve au carrefour de plusieurs mers, océans et continents.

Je suis impressionné par la succession des lois et des « Qawanines » qui aboutissent à l'article 17 qui rassemble l'ensemble des évolutions... Il mérite d'être étudié avec les Français.

En France, lorsqu'on a été élus pour la première fois comme députés, Jean-Marie Bockel et moi, combien de femmes y avait-il à l'Assemblée nationale et au Sénat ? Une douzaine de députées, et une demi-douzaine de sénatrices. Maintenant, il y a égalité entre femmes et hommes dans tous les conseils régionaux.

Mme la Vice-présidente, vous avez évoqué l'existence de 40 % de femmes dans la fonction publique au Sultanat. En France, il y a une majorité de femmes dans ce secteur. Mais lorsque j'étais ministre de l'Intérieur, il y a quarante ans, si je voulais nommer une femme à la tête des services de police, cela nécessitait une révolution interne comme si j'avais commis une atteinte morale à toute la police masculine. Heureusement qu'un « petit miracle » s'est produit… Aujourd'hui, 20 % des cadres supérieurs dans la police sont des femmes. Donc une évolution est constatée dans toute l'administration française… elle a évolué très lentement mais peut-être trop vite pour d'autres pays…

Je pense que dans tout contact avec un pays arabe, dans lequel la problématique de la condition de la femme est prise en compte comme elle l'a été par le Sultan Qaboos, est utile à la France elle-même. Nous avons constaté souvent que la discrimination commence très tôt et que si on décourage une petite fille à entreprendre certaines études, on prive tout un pays d'une dimension intellectuelle dont il aurait besoin.

Il y a des débats qui s'ouvrent dans des pays qui donnent l'exemple, ce sont des acteurs souvent lointains des grandes transformations politiques et sociales… Il y a évidemment les relations entre l'Europe et le Monde arabo-musulman. C'est pourquoi, les relations entre les Français, les responsables omanais et leurs citoyens sont utiles à tous.

En tant qu'ancien ministre qui entretient de larges relations politiques, je demande à mon gouvernement de tirer parti de l'expérience du Sultanat d'Oman dans le domaine de la tolérance et des droits des femmes.

CONCLUSION

La femme omanaise dans le sens de l'histoire

Hélène Conway-Mouret[1]

Je remercie Monsieur l'Ambassadeur du Sultanat d'Oman en France et le président du Groupe d'amitié avec les pays du Golfe au Sénat d'avoir pris l'initiative d'organiser une telle rencontre sur les droits des femmes à Oman. J'ai été pendant trois ans vice-présidente de la délégation aux droits des femmes et à l'égalité des chances.

Pour ce qui est de la deuxième partie de ce titre, si vous vous dites qu'il y a moins de femmes en politique présentes chez vous, malheureusement, c'est la même chose chez nous. Nous avons légiféré depuis plus de dix ans, et malgré la loi imposant que les femmes et les hommes soient représentés à égalité, dans cette grande maison (Sénat) qui représente aussi les institutions françaises, il n'y a que 27 % de sénatrices. Nous progressons à chaque renouvellement parce que plus de

[1] Conclusion de Madame Hélène Conway-Mouret, ancienne ministre déléguée aux Affaires étrangères, Sénatrice représentant les Français établis hors de France.

femmes s'impliquent ; c'est un engagement très sérieux qui a des conséquences sur la vie personnelle et familiale, et un choix parfois difficile à faire, mais cela vient aussi du fait que les hommes traditionnellement s'accrochent à leur place, jusqu'à la mort.

Mon engagement et le vôtre sont similaires, à savoir qu'un pays ouvert se mesure d'abord aux droits accordés aux femmes, et que lorsqu'un pays est stable, moderne et avancé économiquement et socialement, ceci, dans tous les domaines, c'est que toute sa population est impliquée et pas seulement la moitié masculine.

Je voudrais tout d'abord vous féliciter pour le choix que vous faites de mettre l'accent sur l'éducation parce qu'elle est transmise à l'école et dans la famille. Généralement, c'est la maman qui incite, motive, accompagne et encadre, même si elle n'a eu elle-même qu'une éducation minimale. Une petite fille suit traditionnellement le modèle autour d'elle, à savoir la maman, les membres de la famille, les cousines et les voisines.

Cette modernité avance avec le temps et passe par l'éducation. J'ai noté également que vous avez deux journées consacrées à la femme, le 17 octobre et le 8 mars. Nous n'avons en Europe qu'une seule journée et peut-être, faudrait-il nous inspirer de ce que vous faites et demander une journée pour la femme française. Donc, j'en prends bonne note.

Enfin, je vous dirai que l'éducation et la situation dans laquelle votre pays se trouve actuellement – le président Bockel l'a bien rappelé – dans une région instable où les tensions politiques ont atteint un degré de violence qui va jusqu'à un engagement militaire, est un élément de stabilité. Pour nous, c'est très important car nous avons besoin d'un interlocuteur qui réfléchisse, pas nécessairement comme nous, pour ne pas donner l'impression d'avoir raison.

Nous avons un passé, et nous avons évolué aujourd'hui dans un État de droit, où la liberté d'expression existe, même si les lois imposent la parité mais nous continuons à avancer, et il n'y a pas de blocage. C'est le fait d'une évolution naturelle.

J'ai un certain nombre de combats que je mène aussi personnellement depuis plusieurs années, au-delà du combat pour l'égalité, notamment lorsque j'étais à la tête du ministère délégué aux Affaires étrangères, je me suis impliquée contre le mariage forcé. Voilà un élément de fait qui crée un blocage dans l'évolution de la fille, qui n'est propice ni à son épanouissement ni à son accès à l'éducation.

Je suis fière de voir un pays comme le Sultanat d'Oman mettre en œuvre toutes les lois et législations qui donnent aux femmes le statut qui leur revient.

Je sais que vous avez des lois qui vont dans le bon sens, et je pense que là aussi, vous devez servir d'exemple à vos voisins.

J'aimerais féliciter tous les intervenantes et intervenants pour la qualité du débat et vous montrer aussi que, dans le Groupe d'amitié, il y a une représentation féminine et vous dire combien nous sommes attachés à ces rencontres et échanges en direct, pour apprendre à nous connaître, à nous comprendre et surtout à essayer d'avancer ensemble sur les chemins que nous avons choisis et vers des valeurs que nous partageons.

ANNEXES

ANNEXE I

Oman : les femmes pionnières

Safaa' al-Kharoussi[1]

Les femmes ont joué un rôle de premier plan dans la Renaissance du Sultanat d'Oman, et cela, dans tous les domaines. Nous mentionnons, ci-dessous, dans l'ordre chronologique, les pionnières d'entre elles qui ont laissé leurs empreintes dans la vie du pays.

- Zakiya al-Ma'amari, première femme médecin omanaise. Lauréate de la faculté de médecine de l'Université du Caire en 1944, elle a intégré le ministère omanais de la Santé en tant que médecin.
- Dr Fatima al-Ma'amari est la première femme de toute la région du golfe Arabique à avoir poursuivi des études supérieures jusqu'au grade de doctorat (PhD), obtenu à Londres en 1950. Elle obtiendra

1 Chercheuse en sciences sociales, Département des recherches sociales et culturelles au Conseil d'État.

en 1964 une chaire de professeure. Elle sera la première académicienne omanaise à recevoir, à titre posthume, un hommage pour sa contribution à l'enseignement universitaire lors du Festival des pionniers et des créateurs arabes qui s'était tenu en Syrie en 2008 sous le patronage du président syrien Bachar al-Assad.

- Sharifa al-Lamkky, première Omanaise lauréate, en 1956, de l'Université américaine de Beyrouth (AUB) en sciences politiques et économiques.
- Amira al-Kindi, première Omanaise à enseigner l'anglais à l'École américaine en 1964. Elle a été élue le 19 janvier 1972 première présidente de l'Association de la femme omanaise à Mascate. On compte aujourd'hui 64 associations féminines sur l'ensemble du territoire omanais.
- Mouna bint Mahfouz al-Mantheri est la première femme speakerine sur les antennes de la Radio omanaise en 1971.
- Mahira al-'Oufiya, première femme à intégrer en 1972 les rangs de la Police nationale.
- Nashiaa al-Kharoussi est, depuis 1972, la première femme ingénieure omanaise. Elle se spécialisera plus tard dans l'ingénierie des communications.
- Aïsha Elias, première actrice omanaise de théâtre depuis 1973.
- Asia al-Kharoussi, première infirmière omanaise à exercer cette profession dans le Sultanat d'Oman. Elle a débuté sa carrière au Royaume-Uni en 1963 avant de s'installer à Samaël au pays en 1973.

- Samira al-Maamari est la première femme omanaise à atteindre le grade de Directeur général dans l'administration. Elle a accédé dès 1975 au poste de Directrice générale de l'Enseignement au Cabinet général du ministère de l'Enseignement national.
- Khadija al-Lawati est la première femme à intégrer, dès 1975, la diplomatie omanaise. Elle sera la première femme à être nommée en 1999 comme ambassadrice et ministre plénipotentiaire du Sultanat aux Pays-Bas.
- Saada al-Hajri est la première à entamer sa scolarité dans les centres d'alphabétisation en 1975, ce qui lui a permis de suivre un parcours sanctionné par un diplôme supérieur de l'Université américaine du Caire.
- Moza bint Saïd est la pionnière, en 1976, de l'action sociale à Oman.
- Aïda al-Hajri, première spécialiste de l'action sociale dans le domaine du développement de la femme rurale (1985).
- Dr Saïda al-Farissi est poétesse. Elle a publié le premier recueil de poésie féminine au Sultanat d'Oman en 1986 sous le titre *Marée dans la mer des profondeurs* (*Maddon fi Bahril A'amaq*).
- Rajiha bint Mahmoud al-Lawati a été, en 1989, la première femme membre de la Chambre du Commerce et d'Industrie à Oman.
- Habiba al-Hanaei est l'une des pionnières du sport féminin à Oman depuis 1990. Elle a occupé le

poste de vice-présidente de la Fédération omanaise du volley-ball.

- Shakour al-Ghoumari et Tayba al-Ma'ouliya, premières femmes élues au suffrage universel direct au Conseil de la Choura (Chambre des députés) en 1994.
- Lamis al-Taeiya, Rahima al-Qassimi, Samira bint Mohammad et Dr Salma al-Kindi sont les quatre premières femmes désignées comme membres du Conseil d'État (Sénat) en 1997.
- Rajiha bint Abdul Amir, première femme qui accéda en 1988 au poste de vice-ministre au ministère de la Planification qui fait partie du Conseil du Développement. Elle fut également la première Omanaise à intégrer le ministère du Développement dès 1974. En 1980, elle était la première femme à assumer la fonction de directrice de rédaction d'Al-Omaniya, première revue féminine. Elle est nommée en 2004 ministre du Tourisme.
- Suad al-Lamki, première conseillère juridique au Sultanat d'Oman en 1988. Elle est aussi la première femme omanaise à avoir exercé comme magistrate en dehors du Sultanat.
- Fawzia al-'Arimi, première femme membre du Conseil des hommes d'affaires omanais en 1999.
- Najia al-Ma'ouliya est la première femme omanaise à obtenir le permis de pilote de ligne en 2002. Elle a aussi à son palmarès d'être la première femme à participer à la marche d'endurance de 140 kilomètres en Jordanie, au lancer du disque et la

première femme du Golfe à assumer la fonction de vice-présidente de l'Union équestre.

- Zamzam Makky et Rahma al-Mehrezi, les deux premières élues, en 2002, à un Conseil municipal à Oman.
- Ryme al-Zawawi, première Omanaise à occuper, en 2002, le poste de présidente du Conseil d'administration de la Banque internationale d'Oman (Oman International Bank) qu'elle avait rejoint en 1996.
- Aïcha al-Sayabiyah, première femme nommée, en mars 2003, présidente de l'Autorité publique de l'Artisanat avec le grade de ministre.
- Jokha al-Busaidi, première femme à travailler dans le secteur de la pétrochimie. Sa carrière a débuté en Malaisie, en 2003, sur un site offshore.
- Layoutha al-Maghiri est la première omanaise et arabe à occuper un haut poste de direction en dehors du Sultanat, en 2003, comme présidente des centres d'information de l'ONU.
- Dr Rawya al-Busaidi est la première Omanaise à détenir depuis le 8 mars 2004 un portefeuille ministériel en tant que ministre de l'Enseignement supérieur.
- En 2004, cinq femmes omanaises ont été nommées, pour la première fois dans le Sultanat, au poste de deuxième procureur-e adjoint-e : Shamsa al-Lamki, Jalila al-Rawahi, Fatiha al-Habsi, Khawla al-Khater et Rahma al-Wahibi.

- Hamida al-Habsi est la première athlète omanaise à gagner une médaille au premier championnat asiatique du lancer de poids en 2005 en Thaïlande.
- Anisa bint Kathir, lauréate du premier prix du jeune créateur d'un projet commercial pour 2006.
- Dr Zahra al-Rawahi, première Omanaise à investir dans les technologies de l'information et de la communication (TIC) et dans l'économie de la connaissance. Elle a fondé en 2006 une société dédiée aux Techniques de la réussite. Zahra al-Rawahi est détentrice d'un doctorat d'État (PhD) d'informatique et intelligence artificielle de l'Université de Sussex, d'un Master en technologie de l'éducation de l'Université d'État de New Mexico et d'une licence de physique de l'Université du Sultan Qaboos à Mascate.
- Nada al-Balushi, première Omanaise à recevoir la Médaille royale du mérite (Wissam al-Ichada as-Samiya) de troisième degré pour sa contribution active à la lutte contre les violentes turbulences climatiques qui ont frappé le pays en 2007.
- Maha al-Balushi, première femme omanaise promue officier pilote de chasse en 2010.
- Fatima al-Nabhani, première joueuse omanaise de tennis à gagner la médaille d'or lors des Jeux arabes de 2011. Elle a également obtenu deux médailles de bronze en double et en équipe.
- Professeure Salma al-Kindi, première doyenne de la Faculté des sciences à l'Université du Sultan Qaboos à Mascate.

- Amira al-Barwani, première femme ingénieure dans la maintenance des avions de ligne en 2014.
- Dr Suad Al-Lawati, première femme omanaise à être élue, dès le premier tour, le 16 novembre 2015, par suffrage universel direct, vice-présidente du Conseil d'État. Elle a obtenu en 2017 la médaille du Mérite social de la femme responsable à l'échelle des États du golfe Arabique. Première académicienne à obtenir un doctorat d'État (PhD) en orientation psychologique dès 1996. En 2000, elle crée le Centre d'orientation pour étudiants à l'Université du Sultan Qaboos dont elle assurera la direction.
- Mir Alnissa al-Balushi, première femme ingénieure dans la marine omanaise en 2017.
- Dr Azra al-Maawali, directrice du Centre d'études et de recherches du ministère de la Santé, a fait partie d'un groupe de quatre meilleures chercheuses scientifiques au niveau du Moyen-Orient. Elles ont reçu en 2015 le prix L'Oréal-Unesco pour les Femmes et la Science. C'est un prix international décerné par le Centre national de recherches médicales basé en France.
- Dr Jokha al-Harthi, première écrivaine omanaise et arabe à se voir décerner le prestigieux prix Man Booker International en 2019 pour son roman *Saiydate al-Qamar* traduit et publié en anglais sous le titre : *Celestial Bodies*, traduit de l'arabe.
- Nadhira al-Harthi, première alpiniste omanaise à escalader, en 2019, le sommet du mont Everest.

Le rôle des femmes dans les différents métiers et professions

Depuis l'accession du Sultan Qaboos au trône, en 1970, et l'ancrage du pays dans un processus ininterrompu de développement, tous les champs d'activité, sans exception, ont été ouverts aux femmes afin qu'elles s'épanouissent et participent, au même titre que les hommes, à tous les chantiers de reconstruction et de renaissance du pays et à tous les échelons de responsabilité.

Depuis 1970, on ne compte plus les réussites fulgurantes de la femme. Même des secteurs comme l'aviation, réputés jusqu'ici être réservés aux hommes, ont été investis et conquis par les femmes. Certaines ont porté très haut le message de paix omanais au monde entier comme Maha al-Balushi, première pilote de ligne à Oman Air.

Autres secteurs désormais ouverts et investis par la femme omanaise : la police et la sécurité. Elle y est aujourd'hui présente à tous les échelons et dans tous les services : de simple agent de base à sous-officier, officier, police d'investigation, protection de l'enfance, la lutte contre la délinquance juvénile, opération spéciale, corps de chevalerie, orchestre militaire. C'est ainsi qu'on a vu le lieutenant Sheikha bin Ashur al-Hambasia être promue comme directrice d'un centre de police, ou le lieutenant Hanan bint Khalfan al-Salimi promue directrice de la Police de secours.

Autres champs d'activité conquis par la femme omanaise : la musique, les arts, l'action sociale. Elles participent à l'orchestre de la cavalerie royale, les disciplines équestres, l'escrime... Le groupe féminin de musique de chambre est exclusivement composé de musiciennes tout en faisant partie de l'orchestre philharmonique royal. La femme qui a des talents musicaux se voit aussi ouvrir toutes les structures de formation et d'entraînement tant au niveau des instruments que de la voix.

Ces femmes qui ont marqué l'histoire d'Oman

La reine Shamsa	4000 avant J.-C.	Reine d'Oman	Elle a adressé une lettre à Sargon d'Akkad (Mésopotamie, actuel Irak) lui proposant un accord pour l'extraction du cuivre à Oman
Al-Sha'tha, fille de l'imam Jabir ibn Zayd, compagnon du Prophète de seconde génération.	Ier siècle de l'Hégire (VIIe siècle ap. J.-C.)	Disciple de son père et ardente défenseure de l'éducation des femmes	Elle a consacré sa vie à la promotion de l'éducation des femmes et à la propagation des enseignements théologiques de son père
Hind bint al-Muhallab bin abi Safra	Vers la fin du Ier siècle et la première moitié du IIe siècle de l'Hégire (fin VIIe début VIIIe ap. J.-C.)	Érudite et poétesse, disciple de l'imam tabî (Les Tābi'în ou suiveurs sont la génération de musulmans qui ont connu des compagnons du Prophète mais qui n'ont pas connu le Prophète en personne) Jabir bin Zayd al-Omani al-Firqui	Elle s'est mariée avec Al-Ḥajjaj bin Yousuf al-Ṯhaqafī avant de demander le divorce et de vivre le restant de ses jours dans la province omanaise d'Adam

Cheihka Fatima bint Hamad bin Khalfan al-Jahdhamiya dite al-Zahra la socotriote	IIIe siècle de l'Hégire (Xe siècle ap. J.-C.)	Poétesse omanaise originaire de Samad al-Chan (Oman). Grâce à un poème qu'elle avait adressé au sultan d'Oman, lui demandant de sauver l'île de l'occupation portugaise, ce dernier envoya une armada militaire et parvint à libérer l'île	Alors qu'elle était accompagnée de son père, en visite à l'île de Socotra, celle-ci venait juste d'être occupée par les Portugais. Elle compose alors son célèbre poème exhortant l'imam al-Salt bin Malek à libérer l'île de ses envahisseurs
Cheikha Aïsha bint Mohammad bin Youssef dite al-'Ibriya	XIIe siècle de l'Hégire (vers 1130 ap. J.C.)	Philanthrope, elle a consacré toute sa fortune à la construction de mosquées et au développement de l'agriculture (les vergers)	
Cheikha Aïsha bint Rached bin Khaseeb al-Riyami	À partir de 1120 de l'Hégire (XVIIe siècle ap. J.-C.)	Grande érudite autodidacte. Théologienne, elle s'est illustrée par les avis religieux (fatwa) qu'elle dispensait à Oman. Ses avis théologiques sont réunis et publiés dans un recueil de fatwas*	Elle a joué un rôle politique important dans l'histoire d'Oman en arbitrant le conflit qui opposa le gouverneur d'Oman Belarab bin Sultan al-Ya'rubi à son frère Sayf bin Sultan qu'elle avait considéré comme illégitime
Saiyda Moza Bousaeedi, fille de l'imam Ahmad bin Saeed bin Ahmad	A vécu au milieu du XIIe siècle de l'Hégire (XVIIe siècle ap. J.-C.)	Gouverneure de Rustaq, l'ancienne capitale d'Oman	A gouverné Rustaq comme régente à la mort de son frère en attendant que l'un de ses trois neveux atteigne l'âge de maturité. Elle choisit Sayed Saeed bin Sultan, le deuxième dans l'ordre de succession, comme nouveau roi pour ses qualités et ses compétences

* *Al-durar al-bahiya* (Les sublimes avis théologiques), préfacés par le cheikh Ahmad bin Hamad al-Khalili, Mufti du Sultanat d'Oman. Assemblés et présentés par Khalfan Salim Saeed Albousaeedi. Éditions de la Librairie al-Dhamiri pour la publication et la distribution, 2017. Sultanat d'Oman.

ANNEXE II

La femme dans les lois omanaises

Loi fondamentale de l'État

1- Les lois et les règlements en vigueur qui sont promulgués en conformité avec la Loi fondamentale de l'État constituent la plus importante référence en matière de droits de la femme :

- L'article 17 de cette Loi fondamentale stipule que tous les citoyens sont égaux en droits et en devoirs publics devant la loi ;
- L'article 12 stipule que la justice, l'égalité devant la loi et l'égalité des chances entre citoyens omanais sont les piliers de la société, garantis par l'État.

Loi de la Fonction publique

1- Le mot « fonctionnaire » dans la Loi sur la Fonction publique désigne indistinctement les hommes et les femmes. Les mêmes devoirs et obligations sont requis de tous(tes) conformément aux principes de l'équité et de l'égalité énoncés par la Loi fondamentale de l'État.

2- Ladite loi réserve néanmoins des clauses spécifiques à la femme (congés maladie, congé de maternité, primes salariales, pension de veuvage suite au décès du conjoint…).

Code omanais du travail

L'article 82 de ce code interdit aux employeurs d'employer les femmes dans des activités pénibles et nuisibles pour la santé. Ces activités sont définies par une décision du ministre du Travail.

Dans son article 81, le Code du travail interdit le travail nocturne pour les femmes entre 19 heures et 7 heures du matin. Des exceptions sont toutefois accordées pour certains cas, activités et événements définis par le ministre du Travail, sous condition d'assurer aux employées la sécurité et le transport et, après vérification des conditions de travail adéquates, des garanties et une autorisation expresse de l'administration concernée.

Les lois sociales

1- **Régime de la Sécurité sociale et ses amendements (84/87) :** Ce régime garantit à la femme protection et assurance sociale. Il assure une pension à la femme veuve, divorcée, femme célibataire, âgée ou abandonnée.

2- **Assurances sociales :** Promulgué par une loi parue en 1991, ce régime instaure l'égalité totale entre hommes et femmes tout en assurant une protection supplémentaire de la femme. En cas de décès de son conjoint, elle a droit à une pension mensuelle et à une réversion de toutes les assurances dues au défunt, notamment une préretraite, une pension vieillesse, en plus des primes dévolues exclusivement aux femmes. La femme célibataire bénéficie de ces mêmes prestations et pensions en cas d'un tuteur, sans limitation d'âge.

Code du statut personnel

Le Code du statut personnel consacre plusieurs articles au statut de la femme et à ses droits :

- L'article 10 confie au juge des affaires familiales la responsabilité d'autoriser le mariage d'une jeune fille de plus de 18 ans, passant outre les objections, quand elles ne sont pas suffisamment justifiées, du détenteur de l'autorité parentale ou du tuteur.
- Le *Sidaq* ou *Mahr* (forme de don que l'époux s'engage à donner à son épouse lors du contrat de mariage) est, comme le stipule l'article 23, un droit imprescriptible de la femme dont elle peut disposer comme bon lui semble.
- L'article 5 donne à la femme le droit d'imposer dans son contrat de mariage toutes les conditions qu'elle estime susceptibles de protéger ses droits.
- Le paragraphe 1 de l'article 37 stipule que l'époux doit subvenir aux besoins de son épouse même si elle est riche.
- Le paragraphe 4 de l'article 37 donne le droit à la femme de gérer ses biens personnels.

La condition de la femme à Oman : faits et chiffres

Population

La population omanaise, selon le recensement publié en juillet 2017, s'est élevée à 2 505 369. Elle était de 2 172 002, selon le recensement de 2013, soit une augmentation de 333 367 personnes entre ces deux recensements. Le taux d'augmentation annuel s'est donc établi à 3,6 %.

S'agissant de la répartition de la population selon les sexes, on comptait, en 2013, 49 % de femmes contre 51 % d'hommes. En 2017, les femmes représentaient 50 % de la population omanaise.

En 2013, le taux de fécondité de la femme, dans la tranche d'âge de 15 à 49 ans, était de 3,9 enfants. En 2017, il s'est élevé à 4 enfants.

Les statistiques officielles disponibles font apparaître une tendance à la baisse du taux de fécondité féminine dans la tranche d'âge 15-19 ans entre 2013 et 2017. On comptait ainsi 15,2 naissances pour mille femmes en 2013 contre 13,1 naissances pour mille femmes en 2017.

En revanche, le taux de fécondité féminine entre ces deux années dans la tranche d'âge 25-29 ans a augmenté, passant de 213,1 naissances pour mille femmes en 2013 à 2 018 naissances en 2017.

Idem pour la tranche d'âge 35-39 dite tranche à risque, le taux de fécondité est passé de 149,6 naissances pour mille femmes en 2013 à 159,5 naissances en 2017.

Éducation

Le Sultanat d'Oman a mis en œuvre, dès l'accession au trône de Sa Majesté le Sultan Qaboos bin Saïd en 1970, la politique de la gratuité de l'enseignement à tous les niveaux du système scolaire, de l'école maternelle à l'université. Il a ainsi cherché à former des générations éduquées, bien équipées pour faire face aux exigences du processus de développement et jouer leurs rôles au service du pays et de son aspiration à un développement durable. Les statistiques disponibles attestent des avancées considérables dans le secteur de l'éducation à Oman tant au niveau du nombre des écoles, des enseignants et de la qualité de l'enseignement dispensé aux élèves et aux étudiants.

Les filles, quant à elles, ont eu accès à tous les niveaux de l'éducation, ce qui a réduit, au niveau des premières étapes du système scolaire, le fossé existant entre garçons et filles.

De son côté, la Loi omanaise sur l'Enfance instaure dans son article 36 l'obligation pour les enfants de suivre le cycle scolaire jusqu'à la fin de l'étape de l'enseignement fondamental (primaire, complémentaire et secondaire).

Selon les statistiques officielles, le taux global de l'analphabétisme dans le Sultanat d'Oman a baissé. De 9,1 de l'ensemble de la population en 2013, il est descendu à 6,2 en 2017. Quant à la répartition de l'analphabétisme selon les sexes, il a lui aussi baissé ces dernières années. De 5,6 en 2013 chez les hommes, il est tombé à 4,1 en 2017. Chez les femmes, le taux d'analphabétisme a considérable reculé passant de 12,6 en 2013 à 8,4 en 2017.

Avec le recul généralisé de l'analphabétisme dans le pays, le nombre des inscrits dans les centres d'alphabétisation a baissé de 10 216 (dont 96 % de femmes) dans l'année scolaire 2013-2014 pour s'établir, dans l'exercice 2016-2017, à 6 935 (dont 97,5 % de femmes).

Enseignement préscolaire

Les statistiques disponibles font apparaître une augmentation constante du nombre des inscrit-e-s dans les jardins d'enfants. De 67 715 enfants inscrits en 2013-2014, on est passé à 78 019 pour l'année scolaire 2016-2017. Quant à la répartition des inscrits selon le sexe, elle était presque identique.

Enseignement scolaire général

On comptait en 2013-2014, sur l'ensemble du territoire omanais, 1 042 établissements scolaires, majoritairement publics. Leur nombre s'est élevé, pour l'année scolaire 2016-2017, à 1 725 établissements.

Le nombre des élèves inscrits dans ces établissements, garçons et filles confondus, était pour l'année scolaire 2016-2017 de 748 308 élèves dont 51 % de garçons et 49 % de filles.

Il convient de souligner la régularité de ce développement et la parité entre garçons et filles au niveau des résultats scolaires.

Le nombre des élèves fréquentant les établissements scolaires publics s'est élevé en 2016-2017 à 564 356, soit une augmentation de 9,2 % par rapport à l'année scolaire 2013-2014.

Enseignement supérieur

Le gouvernement omanais a placé le développement de l'enseignement supérieur en tête de ses priorités en vue de former des ressources humaines bien qualifiées dans tous les domaines et leur permettre ainsi de participer activement au processus de développement national, à leur émancipation intellectuelle, culturelle et sociale.

Les statistiques disponibles font apparaître une ascension fulgurante des femmes. En effet, le taux d'admission des femmes dans les établissements d'enseignement supérieur pour les années scolaires 2013-2014 et 2015-2016 est supérieur à celui des garçons (1,1 %).

Il convient de noter que le taux d'admission des garçons dans ces mêmes années scolaires est passé de 38,08 % à 46,2 % alors que celui des filles a relativement baissé, passant de 61,1 % à 53,7 %.

Cette tendance s'est traduite dans le nombre des diplômé-e-s des établissements de l'enseignement supérieur. En 2013-2014, on comptait 20 963 diplômés dont 11 747 filles et 9 216 garçons alors qu'en 2016-2017, les filles diplômées étaient au nombre de 14 131 contre 9 699 garçons.

Un petit bémol. La percée des filles dans l'enseignement supérieur ne s'est pas accompagnée d'une percée comparable dans le monde du travail, puisque, selon les statistiques fournies par le ministère de l'Enseignement supérieur, 31,5 % des diplômées déclarent que la principale raison de leur difficulté à être recrutées est l'absence de postes correspondants à leurs qualifications et à leurs diplômes.

La santé

En raison du système de l'assurance-maladie, l'espérance de vie à la naissance chez les femmes est passée de 78,5 ans en 2013 à 79,2 ans en 2017. Sur la même période 2013-2017, le taux des femmes enceintes inscrites dans les centres de protection de la maternité a enregistré une progression de 7 %. C'est également le taux de progression des femmes fréquentant les centres d'espacement des naissances et de planning familial sur la même période.

La population active (main-d'œuvre)

Les ressources humaines

Les ressources humaines sont l'une des plus importantes bases à partir desquelles le développement global et durable est mis en œuvre. Elles constituent l'un des plus importants éléments constitutifs de la stratégie de développement et de mobilisation des compétences humaines. Partant de là, le gouvernement omanais s'est investi dans la création d'emplois pour toutes les catégories sociales et dans tous les domaines. La population active a ainsi connu des taux de croissance accélérée ces dernières années. Cette politique a profité à la femme qui a pu ainsi entrer dans le monde du travail et investir tous les secteurs d'activité. Le taux des femmes dans la population active, dans le secteur privé comme public, est passé de 31 % en 2013 à 33 % en 2017. Pendant la même période, la part des hommes dans la population active a diminué, passant de 69 % en 2013 à 67 % en 2017.

Entre 2013 et 2017, la part des femmes actives dans le travail manuel s'est élevée à 88 %. Elles représentent 30 %

des bénéficiaires du Fonds de Soutien (Alraffd Fund), créé par le décret royal n° 6/2013, qui a vocation de subventionner la création de petites et moyennes entreprises et les microprojets.

L'indice de parité entre les sexes, en 2017, reste cependant en faveur des hommes, soit 0,56 contre 0,44 pour les femmes.

En regardant les statistiques officielles, il en ressort que le pourcentage des demandeurs d'emploi au sein de la population active est de 0,7 % chez les hommes contre 6,9 chez les femmes et c'est la classe d'âge entre 15 et 24 ans qui est la plus concernée par la recherche d'un emploi.

La protection sociale de la femme omanaise

59 % des personnes couvertes par la Sécurité sociale étaient des femmes en 2017 contre 57,9 % en 2013.

Les personnes à besoins spécifiques ou handicapées sont l'objet d'une protection appropriée. Le ministère du Développement social leur fournit une carte spécifique d'invalidité qui sert à leur faciliter les démarches administratives (que ce soit dans le domaine public ou privé) et à faire valoir leurs droits. Sur les 34 371 cartes émises, 34 % sont détenues par des femmes.

On compte en 2017, sur l'étendue du territoire omanais, 64 associations féminines.

Sécurité routière

Sur l'ensemble des permis de conduire délivrés en 2017, ceux obtenus par les femmes représentent 41 %.

27 % des accidentés de la route en 2017 sont des femmes.

La femme dans les instances dirigeantes du Sultanat, au Parlement et dans les Conseils municipaux

Administration

La participation de la femme aux instances dirigeantes de l'administration ne cesse de croître.

On compte aujourd'hui :

- 615 cheffes de département ;
- 711 directrices adjointes d'école ;
- 107 directrices adjointes de section ou équivalent ;
- 428 directrices d'école ;
- 155 directrices de section ou équivalent ;
- 1 directrice adjointe de cabinet ministériel ;
- 23 directrices générales adjointes ;
- 3 vice-présidentes de sections ;
- 63 expertes ;
- 13 conseillères ;
- 17 directrices générales ou équivalent ;
- 3 ambassadrices ;
- 2 vice-ministres ;
- 3 ministres.

Conseil d'Oman (Parlement bicaméral)

Dans la législature 2015-2019, on compte 15 femmes dans les deux chambres du Parlement ou Conseil d'Oman (Majlis Oman) composé d'un Sénat (Conseil d'État désigné) et d'une Assemblée nationale élue au suffrage universel (Majlis al-Choura). Elles étaient 14 sénatrices contre 70 sénateurs et 1 députée contre 84 députés.

Évolution de la participation de la femme dans les chambres de députés, le Sénat et les conseils municipaux en chiffres

1. Majlis al-Choura ou Chambre des députés

Lors de l'instauration de la vie parlementaire, en 1991, aucune femme n'a pu être élue faute de législation lui permettant de se porter candidate (Première législature de 1991 à 1993).

Lors de la deuxième législature (1994-1997), seules deux femmes ont pu être élues (3 % du nombre des élus), exclusivement dans la province de Mascate, la loi électorale ne le permettant pas encore dans le reste du Sultanat.

Il a fallu attendre la troisième législature (1997-2000) pour que cet espace soit totalement ouvert aux femmes dans toutes les provinces. 27 candidates s'étaient alors présentées n'emportant que deux sièges, soit 3 % du nombre des députés.

Le même score a été enregistré lors de la quatrième législature (2000-2003). 21 femmes s'étaient portées candidates, deux d'entre elles ont pu être élues, soit 10 % des candidates et 2 % du nombre des députés.

Idem pour la cinquième législature (2004-2007) où seulement 15 femmes s'étaient lancées dans la bataille ne remportant que deux sièges, soit 2 % du nombre des députés.

Lors de la sixième législature (2007-2011), elles étaient 21 candidates à se jeter dans la bataille mais aucune n'avait réussi à se faire élire.

Pour la septième législature (2011-2015), on a compté 77 femmes candidates avec comme résultat une seule élue, soit 1 % de l'ensemble des députés.

Lors de la bataille électorale pour la huitième législature, 20 candidates s'étaient présentées mais encore une fois une seule a été élue, soit 1 % du nombre des députés.

2. Conseil d'État (Sénat)

Au Sénat dont tous les membres sont désignés par décret royal, les femmes sont mieux représentées. Instauré par la Loi fondamentale promulguée le 6 novembre 1996, il est créé un an plus tard pour conseiller et assister le gouvernement dans sa politique de développement.

Lors de sa première législature (1997-2000), les femmes étaient au nombre de 4 sur 41 membres, soit 9,7 % des effectifs. Elles étaient 5 sur 48 lors de la deuxième législature, soit 10,4 % des membres. À la troisième législature (2003-2007), elles étaient 9 sur 57 membres, soit 15,7 % des effectifs. À la quatrième législature (2007-2011), leur nombre est passé à 15 sur un total de 80 membres, soit 18 % des effectifs. Lors de la cinquième législature (2011-2015), elles ont été 15 sur 83 membres, soit 18 % des effectifs. Lors de la sixième législature (2015-2019), elles étaient 14 sénatrices sur 85, soit 17 % des effectifs.

3. Les Conseils municipaux

Instaurés par le décret royal 116/2011 portant sur l'organisation des élections de conseils municipaux et la définition de leurs attributions et leurs prérogatives, les premiers conseils ont été élus pour la première fois dans toutes les provinces pour un mandat qui courait de 2012 à 2015. Sur les 46 femmes qui s'étaient portées candidates, 4 seulement ont été élues, soit 2 % du nombre global des élus. Ce score a été légèrement amélioré lors des secondes élections municipales (2016-2020) où 23 femmes s'étaient portées candidates mais 7 ont été élues, soit 3 % du nombre global des élus.

Le rôle de la femme dans les Conseils municipaux et dans le processus d'Al-Choura

Le Conseil municipal a vocation, dans le cadre de la politique générale de l'État et en conformité avec ses plans de développement, à présenter des avis et des recommandations relatifs à l'amélioration des réglementations et des services municipaux dans chaque province (gouvernorat). À ce titre, la participation de la femme aux délibérations et aux décisions concernant la mise en œuvre des objectifs arrêtés par le Conseil municipal allait de soi.

Les principales missions assignées au Conseil municipal sont :

- Fournir des propositions concernant la construction de routes, l'amélioration du réseau routier existant, son embellissement, l'organisation du plan de circulation, l'aménagement des routes, des places publiques, des lieux publics et des plages ;

- Présenter des recommandations relatives à la santé publique ;
- Proposer et recommander les mesures de protection de l'environnement et de lutte contre la pollution ;
- Proposer les projets et les lieux où ils seront réalisés concernant l'eau, les routes, les parcs de loisir, les égouts, l'éclairage public, les écoles, les logements, les lieux de culte, les centres médicaux, les centres commerciaux, les parkings et autres infrastructures et services publics ainsi que les projets qui intéressent la population. Tout cela, en concertation avec les autorités compétentes ;
- Concerter avec les autorités compétentes pour identifier les critères d'utilité publique lorsqu'il s'agit de mettre en œuvre des projets de développement pouvant entraîner des expropriations définies et décidées par la loi ;
- Concerter avec les autorités compétentes pour l'étude et la réalisation de plans d'urbanisme ;
- Émettre des recommandations relatives aux plans portant création de zones résidentielles, commerciales, industrielles et touristiques, en concertation avec les autorités compétentes ;
- Étudier les doléances des citoyens ou d'autres parties à propos de questions relevant des compétences du Conseil municipal. Ce dernier peut se tourner vers les autorités compétentes pour leur demander de lui fournir les éléments nécessaires à l'examen de ses doléances ;

- Participer avec les autorités compétentes, après avoir exprimé son analyse de la situation, à l'exploitation d'un service public dans la limite de la province ;
- Étudier les questions sociétales et les phénomènes négatifs dans la province en y proposant, en coordination avec les autorités compétentes, les réponses adéquates ;
- Donner les autorisations pour l'organisation et la tenue de festivals culturels, les événements attractifs et les manifestations touristiques en concertation avec les autorités compétentes ;
- Appliquer les mesures de lutte contre la mendicité et donner les avis et les recommandations sur ces questions ;
- Proposer des plans d'action pour secourir les victimes des incendies, des inondations, des bouleversements climatiques en débloquant rapidement les fonds nécessaires pour y faire face en coordination avec les autorités compétentes ;
- Rester en contact permanent avec la société civile locale et les entreprises privées à travers la tenue de réunions en vue de récolter leurs observations et leurs propositions visant à servir la province et à la développer.

Parallèlement, la femme omanaise joue pleinement son rôle au sein du Conseil d'État tant au niveau de la proposition de projets de loi, la participation dans les commissions parlementaires, l'élaboration d'études et rapports, les manifestations sociétales (réunions, colloques, événements…) et toutes les autres missions dévolues aux membres de cette instance.

Cette étude a été élaborée par
Sultan Al-Kharoussi,
directeur-adjoint au département des recherches sociales et culturelles au Conseil d'État,
et Safaa' Al-Kharoussi,
chercheuse en sciences sociales, du même département.

Références et sources

1- Les annuaires statistiques sociaux, publiés par le Centre national de statistiques et d'information au Sultanat d'Oman en 2018.
2- *La femme omanaise*. Une publication spéciale consacrée à la Journée de la femme omanaise le 17 octobre 2017 du Centre national de statistiques et d'information au Sultanat d'Oman.
3- Site du ministère omanais de l'Éducation et de l'Enseignement (le portail pédagogique) ;
4- Les statistiques du Majlis al-Choura.
5- Dr Badriya Al-Wahibiya, *La femme omanaise dans la société*. Publication du ministère omanais du Développement social.
6- Dr Raya Al-Mounziriya, *Informations succinctes sur l'expérience omanaise relative au rôle de la femme*, 2014, version électronique.
7- *Le rôle de la femme dirigeante dans le développement de la société*. Département des recherches sociales et culturelles, Centre d'information et de recherche, Conseil d'État.
8- https://www.atheer.om/archives.8

Annexe III

La femme omanaise au Conseil d'État : une participation efficiente dans le processus de développement[1]

C'est avec l'avènement de la nouvelle ère de l'histoire d'Oman en 1970, sous la conduite visionnaire du Sultan Qaboos bin Saïd, qu'une nouvelle page sur la voie de l'émancipation de la femme s'est ouverte. Depuis cette année charnière, le souverain a veillé avec persévérance à mettre en œuvre tous les moyens susceptibles d'assurer à la femme l'accès à l'éducation et à la formation, ce qui lui a permis de faire ses preuves en s'affirmant dans tous les champs d'activité et de créativité et en devenant un acteur essentiel et actif dans les divers chantiers du développement que vit le Sultanat. Ces réussites et ces avancées montrent à quel point le Sultan Qaboos tenait et tient toujours à voir la femme prendre toute sa place, pleine et entière, dans la société et aussi dans les plus hauts échelons des centres de décision et du pouvoir politique.

---

[1] Dossier élaboré par le Département de communication du Majlis al-Dawla (Conseil d'État).

L'entrée de la femme omanaise dans le Conseil d'État, l'un des plus importants centres de pouvoir et de décision dans le fonctionnement des institutions constitutionnelles, sur décision du Sultan, a montré à quel point il avait confiance en ses potentialités et ses compétences. C'était aussi une reconnaissance du rôle effectif qu'elle devrait jouer dans le développement du pays, mais aussi et surtout une traduction dans les faits de la Loi fondamentale promulguée le 6 novembre 1996, qui stipule et garantit l'égalité entre les hommes et les femmes dans tous les domaines.

La journée de la femme omanaise

Pour mieux souligner la priorité accordée par le Sultan Qaboos à la question des droits et des devoirs de la femme, il a institué une Journée de la femme omanaise, célébrée chaque année le 17 octobre, pour rendre hommage à sa contribution à l'effort national de redressement et l'encourager à participer toujours plus au développement économique, social, culturel et politique.

La femme omanaise, actrice de la vie parlementaire

La participation de la femme à tous les échelons de la vie parlementaire fait partie de son implication dans la vie politique du Sultanat. C'est à ce titre qu'elle s'investit dans les délibérations et le débat public sur les questions nationales et sociétales et dans la prise de décisions, d'autant que ces institutions parlementaires sont l'un des piliers de l'État de droit, de la souveraineté de la loi et du fonctionnement normal de l'État. C'est au sein de ces cénacles qu'est proposée, débattue et décidée la politique générale du pays.

La représentativité de la femme dans le Parlement omanais n'est pas isolée de la tendance générale dans les parlements du monde entier, ces dernières années, où l'on observe une augmentation constante et importante du nombre de femmes parlementaires. Il s'agit d'un indicateur significatif sur la place centrale de la femme dans la promotion de leurs sociétés, leur développement et leur prospérité.

La femme omanaise et le Conseil d'État (Majlis al-Dawla)

Conformément au principe de l'égalité entre hommes et femmes, prévue par la Loi fondamentale, qui fait office de Constitution, la femme omanaise jouit non seulement de tous ses droits à l'éducation, à la santé, à l'emploi, mais aussi de ses droits politiques à travers sa participation aux prises de décisions publiques.

C'est en vertu de ces principes, et dans le cadre de la stratégie globale visant à impliquer toutes les forces vives du Sultanat dans l'effort de développement et de progrès que le Sultan a nommé en 1997, pour la première fois de l'histoire du pays, quatre femmes au Conseil d'État.

Ce premier pas sur la voie de la participation à la vie parlementaire a été régulièrement suivi d'un nombre, toujours plus important, de femmes dans cette instance. C'est ainsi que le 16 novembre 2015, lors de la séance inaugurale consacrée à l'élection des instances dirigeantes du Conseil de la sixième législature, présidé par le Dr Yahya bin Mahfoudh al-Mantheri, il a été procédé – une première dans les annales du Conseil d'État – à l'élection de Suad bint Muhammad Ali al-Lawati comme vice-présidente.

Les parlementaires femmes membres du Conseil d'État de 1997 à 2017

La liste des femmes membres de la première législature du Conseil d'État 1997-2000 :

- Lamees bint Abdullah al-Taie
- Dr Salma bint Mohamed al-Lamki
- Samira bint Mohammed Ameen
- Raheema bint Ali bin Khalfan al-Qassmi

La liste des femmes membres de la deuxième législature du Conseil d'État 2000-2003 :

- Lamees bint Abdullah al-Taie
- Samira bint Mohammed Ameen
- Raheema bint Ali bin Khalfan al-Qassmi
- Dr Muna bint Abdullah bin Saleh al-Bahraniyah
- Shokur bint Mohammed bin Saalim al-Ghammariah

La liste des femmes membres de la troisième législature du Conseil d'État 2003-2007 :

- Shokur bint Mohammed bin Saalim al-Ghammariah
- Lamees bint Abdullah al-Taie
- Samira bint Mohammed Ameen
- Raheema bint Ali bin Khalfan al-Qassmi
- Muna bint Mahfoudh bin Salim al-Mantheri
- Dr Samira bint Mohammed bin Moosa
- Shikha Zahra bint Sulaiman bin Hamyar al-Nabhania
- Dr Fawzia bint Nasser al-Farsi
- Dr Thuwayba bint Ahmed bin Issa al-Barwani

La liste des femmes membres de la quatrième législature du Conseil d'État 2007-2011 :

- Shokur bint Mohammed bin Saalim al-Ghammariah
- Lamees bint Abdullah al-Taie
- Samira bint Mohammed Ameen
- Muna bint Mahfoudh bin Salim al-Mantheri
- Dr Samira bint Mohammed bin Moosa
- Shikha Zahra bint Sulaiman bin Hamyar al-Nabhania
- Dr Fawzia bint Nasser al-Farsi
- Dr Thuwayba bint Ahmed bin Issa al-Barwani
- Dr Suad bint Muhammad Ali al-Lawati
- Dr Shaikha bint Salim al-Musalamiyah
- Rahila bint Amor bin Sultan al-Riyamia
- Dr Muna bint Abdullah bin Saleh al-Bahraniyah
- Dr Salima bint Amir bin Mohammad al-Barwaniah
- Dr Nadia bint Mohammed bin Hassan al-Wardi
- Dr Saida bint Khater al-Farsi

La liste des femmes membres de la cinquième législature du Conseil d'État 2011-2015 :

- Shaikha Zahra bint Sulaiman bin Hamyar al-Nabhania
- Dr Fawzia bint Nasser al-Farsi
- Dr Thuwayba bint Ahmed bin Issa al-Barwani
- Dr Suad bint Muhammad Ali al-Lawati
- Ing. Rahila bint Amor bin Sultan al-Riyamia
- Dr Muna bint Abdullah bin Saleh al-Bahraniyah
- Dr Nadia bint Mohammed bin Hassan al-Wardi
- Dr Shaikha bint Salim al-Musalamiyah

- Ing. Naashiah bint Saud Mohamed al-Kharusi
- Yuthar bint Mohammed Mussalam al-Rawahi
- Sheikha Safia bint Hamdan bin Hassan al-Malik al-Shihi
- Nada bint Hassan Mohammed al-Jamali
- Khadija bint Mubarak Fareg Kofan
- Ing. Rahma bint Hamed Mohamed al-Mashrafi
- Dr Aseela bint Hamed Abdullah al-Harthy

La liste des femmes membres de la sixième législature du Conseil d'État 2015-2019 :

- Dr Suad bint Muhammad Ali al-Lawati
- Dr Muna bint Abdullah bin Saleh al-Bahraniyah
- Nada bint Hassan Mohammed al-Jamali
- Ing. Rahma bint Hamed Mohamed al-Mashrafi
- Dr Raya bint Salim al-Mantheri
- Ing. Naashiah bint Saud Mohamed al-Kharusi
- Dr Wafa bint Salim Ali al-Harrasy
- Dr Muna bint Ahmed Ali al-Saadoon
- Dr Badria bint Ibrahim Khalfan al-Shihi
- Dr Zuhoor bint Abdullah Salem al-Khanjari
- Dr Aisha bint Ahmed al-Wishahi
- Sabah bint Mohamed Hamood al-Bahlani
- Maryam bint Issa Mohamed al-Zadjali
- Lujaina bint Mohsin Haider al-Zuaabi

Les femmes élues membres du bureau du Conseil d'État

Le Bureau du Conseil d'État (Sénat) est composé d'un président, de deux vice-présidents et de quatre membres élus par l'ensemble des membres à la première séance dite procédurale tenue juste au début de la législature.

De la première à la troisième législature, le Bureau du Conseil comprenait dans sa composition une femme. Les législatures suivantes (4e, 5e et 6e) en ont compté deux.

Comme dans toute assemblée parlementaire dans le monde, les missions du Bureau consistent à organiser l'activité du Conseil et de ses commissions, à instituer les règlements internes, la coordination entre les divers travaux des commissions et à voter le projet de budget annuel proposé par le président du Bureau avant de le proposer au vote de l'assemblée générale. Il revient aussi au Bureau de choisir les membres des délégations en mission à l'étranger ou sur le plan local. Il lui incombe enfin la mission de superviser les affaires internes du Conseil sur le plan administratif et financier.

Tableau récapitulatif des femmes membres des bureaux successifs des six premières législatures

Législature	**Noms des membres du Bureau**
Première législature (1997-2000)	• Lamees bint Abdullah al-Taie
Deuxième législature (2000-2003)	• Shokur bint Mohammed Bin Saalim al-Ghammariah
Troisième législature (2003-2007)	• Muna bint Mahfoudh bin Salim al-Manthri
Quatrième législature (2007-2011)	• Muna bint Mahfoudh bin Salim al-Manthri • Samira bint Mohammed Ameen
Cinquième législature (2011-2015)	• Ing. Rahila bint Amor bin Sultan al-Riyamia • Dr Fawzia bint Nasser al-Farsi
Sixième législature (2015-2019)	• Dr Suad bint Muhammad Ali al-Lawati • Ing. Naashiah bint Saud Mohamed al-Kharusi

Les élues membres des commissions sénatoriales permanentes du Conseil d'État

Les commissions permanentes sont créées par l'assemblée élue du Conseil selon la nature de ses activités et de ses compétences. Une fois la commission constituée, elle se réunit au début de chaque législature en une séance procédurale pour élire, parmi ses membres, un président et un vice-président.

Tableau récapitulatif des élues membres des commissions permanentes du Conseil dans ses législatures successives entre 1997 et 2019

Première législature (1997-2000)	**Les membres**
Commission économique	• Dr Salma bint Mohamed al-Lamki.
Commission sociale	• Raheema bint Ali bin Khalfan al-Qassmi.
Deuxième législature (2000-2003)	**Les membres**
Commission des Lois	• Samira bint Mohammed Ameen. • Raheema bint Ali Bin Khalfan al-Qassmi.
Commission économique	• Samira bint Mohammed Ameen.
Commission sociale	Dr Muna bint Abdullah bin Saleh al-Bahraniyah. • Lamees bint Abdullah al-Taie.
Troisième législature (2003-2007)	**Les membres**
Commission des Lois	• Shikha Zahra bint Sulaiman bin Hamyar al-Nabhania.
Commission sociale	• Muna bint Mahfoudh bin Salim al-Manthri.
Commission du développement des ressources humaines	• Dr Samira bint Mohammed bin Moosa. • Raheema bint Ali bin Khalfan al-Qassmi. • Shokur bint Mohammed bin Saalim al-Ghammariah.

Commission du suivi des plans de développement	• Dr Fawzia bint Nasser al-Farsi. • Dr Thuwayba bint Ahmed bin Issa al-Barwani. • Samira bint Mohammed Ameen.
Quatrième législature (2007-2011)	**Les membres**
Commission des Lois	• Shokur bint Mohammed bin Saalim al-Ghammariah. • Lamees bint Abdullah al-Taie. • Dr Samira bint Mohammed bin Moosa. • Dr Nadia bint Mohammed bin Hassan al-Wardi. • Dr Fawzia bint Nasser al-Farsi.
Commission économique	Dr Fawzia bint Nasser al-Farsi.
Commission sociale	• Dr Suad bint Muhammad Ali al-Lawati. • Dr Shaikha bint Salim al-Musalamiyah.
Commission du développement des ressources humaines	• Dr Thuwayba bint Ahmed bin Issa al-Barwani. • Rahila bint Amor bin Sultan al-Riyamia.
Commission du suivi des plans de développement	• Shaikha Zahra bint Sulaiman bin Hamyar al-Nabhania. • Dr Muna bint Abdullah bin Saleh al-Bahraniyah. • Dr Salima bint Amir bin Mohammad al-Barwaniah.
Cinquième législature (2011-2015)	**Les membres**
Commission des Lois	• Ing. Naashiah bint Saud Mohamed al-Kharusi.
Commission économique	• Ing. Naashiah bint Saud Mohamed al-Kharusi.
Commission sociale	• Dr Shaikha bint Salim al-Musalamiyah. Ing. Naashiah bint Saud Mohamed al-Kharusi. • Yuthar bint Mohammed Mussalam al-Rawahi. • Sheikha Safia bint Hamdan bin Hassan al-Malik al-Shihi. • Nada bint Hassan Mohammed al-Jamali. • Khadija bint Mubarak Fareg Kofan. • Dr Aseela bint Hamed Abdullah al-Harthy.

Commission du développement des ressources humaines	• Dr Thuwayba bint Ahmed bin Issa al-Barwani. • Dr Suad bint Muhammad Ali al-Lawati. • Ing. Rahma bint Hamed Mohamed al-Mashrafi.
Commission de l'éducation	• Dr Muna bint Abdullah bin Saleh al-Bahraniyah. • Dr Nadia bint Mohammed bin Hassan al-Wardi.
Commission de la culture et de la communication	• Shaikha Zahra bint Sulaiman bin Hamyar al-Nabhania.
Sixième législature (2015-2019)	**Les membres**
Commission économique	• Ing. Rahma bint Hamed Mohamed al-Mashrafi. • Dr Badria bint Ibrahim Khalfan al-Shihi. • Lujaina bint Mohsin Haider al-Zuaabi.
Commission sociale	• Nada bint Hassan Mohammed al-Jamali. • Dr Wafa bint Salim Ali al-Harrasy. • Dr Muna bint Ahmed Ali al-Saadoon. • Dr Aisha bint Ahmed al-Wishahi. • Sabah bint Mohamed Hamood al-Bahlani. • Maryam bint Issa Mohamed al-Zadjali.
Commission de l'éducation et des recherches	• Dr Muna bint Abdullah bin Saleh al-Bahraniyah. • Dr Raya bint Salim al-Mantheri. • Dr Zuhoor bint Abdullah Salem al-Khanjari.

Tableau comparatif du taux de la représentation de la femme omanaise dans le Conseil d'État et les taux dans les pays arabes et dans le monde

ANNÉE	PAYS ARABES ET RÉGIONAUX	TAUX MOYEN OMANAIS	TAUX MOYEN MONDIAL
2016	12,60	16,50	22,90

Tableau comparatif du nombre des élues au Conseil d'État par rapport à l'ensemble des élus dans les six législatures (1997-2019)

Période	Nombre total des élus	Nombre total des élues	Pourcentage des élues
Première législature (1997-2000)	41	4	9,8 %
Deuxième législature (2001-2003)	53	5	10,4 %
Troisième législature (2003-2007)	62	9	15,8 %
Quatrième législature (2007-2011)	80	15	18,8 %
Cinquième législature (2011-2015)	83	15	18,1 %
Sixième législature (2015-2019)	84	14	17,9 %

Les participations extérieures des sénatrices du Conseil d'État

Le Conseil d'État omanais participe à de nombreux événements, réunions, conférences et missions d'informations et d'échanges à l'extérieur du pays sur le plan régional et international. Outre ses participations régulières aux réunions et aux travaux parlementaires arabes, régionaux et internationaux, il entreprend des visites d'information et d'amitié dans de nombreux pays arabes et étrangers en vue de consolider les relations cordiales entre le Sultanat d'Oman et le reste du monde. Il va de soi que ces visites et missions contribuent à l'effort d'Oman pour participer aux délibérations et aux discussions sur les questions qui intéressent les États et les peuples de la région. Les femmes membres du Conseil d'État participent à ces missions et échanges. Le tableau qui suit nous donne une récapitulation sélective de ces participations à partir de la troisième législature.

Les participations des sénatrices membres du Conseil d'État durant la troisième législature 2003-2007

Année	Pays	Nom des participantes	Nature de l'événement
2005	Algérie	Raheema bint Ali bin Khalfan al-Qassmi Shikha Zahra bint Sulaiman bin Hamyar al-Nabhania	Visite
2005	Qatar	Samira bint Mohammed Ameen	Colloque sur les pratiques de la démocratie
2005	États-Unis	Dr Fawzia bint Nasser al-Farsi	Colloque juridique
2005	Émirats arabes unis (Abu Dhabi)	Samira bint Mohammed Ameen	Participation aux réunions du Parlement arabe
2005	Fédération de Russie	Samira bint Mohammed Ameen	Visite
2007	Qatar	Lamees bint Abdullah al-Taie Thuwayba bint Ahmed bin Issa al-Barwani	Colloque

Les participations des sénatrices membres du Conseil d'État durant la quatrième législature 2007-2011

Année	Pays	Noms des participantes	Nature de l'évènement
2007	Chine	Samira bint Mohammed Ameen. Muna bint Mahfoudh bin Salim al-Mantheri	Colloque
2008	Maroc	Dr Fawzia bint Nasser al-Farsi Dr Suad bint Muhammad Ali al-Lawati	Conférence

2009	Éthiopie (Addis-Abeba)	Lamees bint Abdullah al-Taie Salima bint Amir bin Mohammad al-Barwaniah	Participation à un meeting de l'Union inter-parlementaire (UIP)
2009	Suisse (Genève)	Shaikha bint Salim al-Musalamiyah Dr Muna bint Abdullah bin Saleh al-Bahraniyah	Participation à un meeting de l'Union interparlementaire (UIP)
2009	Yémen	Shaikha bint Salim al-Musalamiyah Rahila bint Amor bin Sultan al-Riyamia	Délégation parlementaire
2009	Russie	Thuwayba bint Ahmed bin Issa al-Barwani Dr Nadia bint Mohammed bin Hassan al-Wardi	Délégation parlementaire
2009	Inde	Lamees bint Abdullah al-Taie Salima bint Amir bin Mohammad al-Barwaniah	Délégation parlementaire
2009	Bahreïn	Shokur bint Mohammed bin Saalim al-Ghammariah Lamees bint Abdullah al-Taie Samira bint Mohammed Ameen bint Abdullah Muna bint Mahfoudh bin Salim al-Manthri Rahila bint Amor bin Sultan al-Riyamia	Délégation parlementaire
2010	Chine	Lamees bint Abdullah al-Taie	Délégation parlementaire
2010	Canada	Samira bint Mohammed Ameen Muna bint Mahfoudh bin Salim al-Manthri	Délégation parlementaire
2010	Thaïlande	Samira bint Mohammed Ameen Thuwayba bint Ahmed bin Issa al-Barwani	Participation à un meeting de l'Union inter-parlementaire (UIP)
2010	Suisse (Genève)	Dr Muna bint Abdullah bin Saleh al-Bahraniyah	Participation à un meeting de l'Union Inter-parlementaire (UIP)
2011	Le Caire	Rahila bint Amor bin Sultan al-Riyamia.	Participation à une réunion du Parlement arabe

Les participations des sénatrices membres du Conseil d'État durant la cinquième législature 2011-2015

Année	Pays	Noms des participantes	Nature de l'évènement
2012	États-Unis	Dr Fawzia bint Nasser al-Farsi	Atelier de travail sur « *La femme dans les pays du Conseil de coopération du Golfe* »
2012	Équateur	Rahila bint Amor bin Sultan al-Riyamia	Représentante à la réunion du Parlement international
2012	Indonésie	Dr Suad bint Muhammad Ali al-Lawati Dr Muna bint Abdullah bin Saleh al-Bahraniyah	Colloque
2013	Jordanie	Shaikha Zahra bint Sulaiman bin Hamyar al-Nabhania Dr Muna bint Abdullah bin Saleh al-Bahraniyah Dr Aseela bint Hamed Abdullah al-Harthy	Délégation au Parlement arabe
2013	Finlande	Thuwayba bint Ahmed bin Issa al-Barwani	Membre d'une délégation
2013	Pologne	Nada bint Hassan Mohammed al-Jamali Ing. Rahma bint Hamed Mohamed al-Mashrafi	Membres d'une délégation parlementaire
2013	Bahreïn	Rahila bint Amor bin Sultan al-Riyamia	Conférence de l'Organisation de la femme arabe
2013	Koweït	Dr Fawzia bint Nasser al-Farsi	Donner une conférence à l'Université de Koweït
2013	Égypte	Rahila bint Amor bin Sultan al-Riyamia	Parlement arabe. Plusieurs participations
2013	Bahreïn	Rahila bint Amor bin Sultan al-Riyamia	Atelier de travail de l'Organisation des femmes arabes sur des questions économiques
2013	Jordanie	Rahila bint Amor bin Sultan al-Riyamia	Réunion du Parlement arabe

2014	Suisse (Genève)	Dr Fawzia bint Nasser al-Farsi	Participation à un meeting de l'Union inter-parlementaire (UIP)
2014	Maroc	Dr Fawzia bint Nasser al-Farsi	Délégation du Groupe d'amitié
2014	Émirats arabes unis (Dubai)	Rahila bint Amor bin Sultan al-Riyamia	Réunion du Parlement arabe
2014	Bahreïn (Manama)	Rahila bint Amor bin Sultan al-Riyamia	Réunion du Parlement arabe
2014	France	Rahila bint Amor bin Sultan al-Riyamia	Participation à l'Assemblée parlementaire de la Méditerranée
2014	Égypte (Le Caire)	Rahila bint Amor bin Sultan al-Riyamia	Atelier de travail de l'Organisation des Femmes arabes
2014	Égypte (Le Caire)	Rahila bint Amor bin Sultan al-Riyamia	Réunion du Parlement arabe
2015	Djibouti	Rahila bint Amor bin Sultan al-Riyamia	Réunion du Parlement arabe
2015	Vietnam	Rahila bint Amor bin Sultan al-Riyamia	Réunion du Parlement arabe
2015	États-Unis (Washington)	Dr Fawzia bint Nasser al-Farsi	Réunion du Fonds monétaire international (FMI)
2015	France	Dr Suad bint Muhammad Ali al-Lawati Dr Nadia bint Mohammed bin Hassan al-Wardi	Visite d'une délégation au Sénat français
2015	Pologne	Nada bint Hassan Mohammed al-Jamali Ing. Rahma bint Hamed Mohamed al-Mashrafi	Visite d'un Groupe d'amitié

Les participations des sénatrices membres du Conseil d'État durant la sixième législature 2015-2019

Année	Pays	Noms des participantes	Nature de l'évènement
2016	Émirats arabes unis	Dr Suad bint Muhammad Ali al-Lawati Ing. Rahma bint Hamed Mohamed al-Mashrafi Ing. Naashiah bint Saud Mohamed al-Kharusi	Sommet des présidentes des parlements
2016	Jordanie	Dr Suad bint Muhammad Ali al-Lawati Dr Wafa bint Salim Ali al-Harrasy Maryam bint Issa Mohamed al-Zadjali	Forum global des Femmes parlementaires (WIP)
2017	Bahreïn	Dr Suad bint Muhammad Ali al-Lawati	2e Conférence sur la femme et la responsabilité sociale
2017	Qatar	Dr Suad bint Muhammad Ali al-Lawati	17e Forum de Doha
2017	Jordanie	Dr Muna bint Abdullah bin Saleh al-Bahraniyah Maryam bint Issa Mohamed al-Zadjali	Visite d'un Groupe d'amitié
2017	Bahreïn	Ing. Naashiah bint Saud Mohamed al-Kharusi	Participation à la 20e réunion du comité consultatif du Conseil supérieur des pays du Conseil de coopération du Golfe
2017	Suisse (Genève)	Dr Raya bint Salim al-Mantheri Ing. Naashiah bint Saud Mohamed al-Kharusi	Participation aux travaux de la 136e session de l'Assemblée générale de l'Union parlementaire internationale et aux réunions annexes
2017	Jordanie	Dr Muna bint Abdullah bin Saleh al-Bahraniyah Maryam bint Issa Mohamed al-Zadjali	Visite au Sénat jordanien – Délégation du Groupe d'amitié parlementaire

2017	Qatar	Dr Suad bint Muhammad Ali al-Lawati	Participation au 17e Forum de Doha sur le développement, la stabilité et les problèmes des réfugiés
2017	Russie	Dr Raya bint Salim al-Mantheri Ing. Naashiah bint Saud Mohamed al-Kharusi	Participation aux travaux de la 137e Assemblée de l'Union parlementaire internationale
2017	Bruxelles	Dr Badria bint Ibrahim Khalfan al-Shihi	Participation à l'Exposition culturelle omanaise au siège du Parlement européen
2017	Canada	Dr Raya bint Salim al-Mantheri	Participation comme coprésidente d'une séance à la 4e Conférence internationale des jeunes parlementaires
2018	Royaume-Uni	Nada bint Hassan Mohammed al-Jamali Ing. Naashiah bint Saud Mohamed al-Kharusi	Visite à la Chambre des Lords britannique
2018	Suisse (Genève)	Ing. Naashiah bint Saud Mohamed al-Kharusi Dr Raya bint Salim al-Mantheri	Participation aux travaux de la 138e Assemblée générale de l'Union parlementaire internationale
2018	Koweït	Dr Suad bint Muhammad Ali al-Lawati	Participation à la 4e Conférence de la Femme arabe et la responsabilité sociétale dans les pays arabes
2018	Pologne	Nada bint Hassan Mohammed al-Jamali Ing. Rahma bint Hamed Mohamed al-Mashrafi	Visite au Sénat polonais
2018	Russie	Ing. Naashiah bint Saud Mohamed al-Kharusi	Participation au 2e Forum euro-asiatique des femmes

2018	Suisse (Genève)	Dr Raya bint Salim al-Mantheri Dr Wafa bint Salim Ali al-Harrasy	Participation à la 139e session de l'Assemblée générale de l'Union parlementaire internationale
2018	France (Paris)	Dr Suad bint Muhammad Ali al-Lawati	Participation à un colloque sur « *La place et la condition de la femme dans la société omanaise* » au Sénat français
2018	Royaume-Uni (Londres)	Dr Suad bint Muhammad Ali al-Lawati	Participation à la conférence internationale des femmes parlementaires
2018	Liban	Dr Muna bint Ahmed Ali al-Saadoon Sabah bint Mohamed Hamood al-Bahlani	Participation à la réunion du groupe de travail parlementaire régional consacrée à la santé au Moyen-Orient

SOURCES CHOISIES

- Département de communication du Majlis al-Dawla (Sénat).
- Direction de la recherche sociale et culturelle au Majlis al-Dawla (Sénat).
- *La condition de la femme dans les législations en vigueur au Sultanat d'Oman*, Ministère de l'économie nationale, Sultanat d'Oman.
- Le site du ministère omanais du Développement social : https://www.mosd.gov.om/
- *Les dimensions sociales de la participation de la femme dans le développement de la société omanaise* par Khayr al-Nissa bint Ramadhan bint Mustahil. Ministère du Développement social, 2013, page 123.
- *L'autonomisation de la femme au Sultanat d'Oman.* Par al-Serr Ahmad al-'Omraby et Fawzia bint Nasser al-Farisiya. Édité par Muassassat al-intichar al-arabi, 2013 à Beyrouth, Liban
- *Elles*, par Aziza al-Habsi, Mu'assassat Bayt al-Ghasham pour la presse, la publication et la publicité, 1re édition, 2019. Mascate, Oman.
- Colloque intitulé « Le mouvement scientifique de la femme omanaise et son rôle civilisationnel », dont l'intervention de Badriya Sh'aibi sur La participation de la femme omanaise à la vie politique. Publications du

Ministère des biens communautaires (Awqaf) et des affaires religieuses, 10-14 octobre 2018, Mascate, Oman.

- Site officiel dédié aux réalisations de la jeunesse : @injazat_oman
- Andriyanova, O. (2011). Some observations on women in Omani sources. Proceedings of the Seminar for Arabian Studies, 41, 1-12. Retrieved from http://www.jstor.org/stable/41622117

OMAN
AUX ÉDITIONS L'HARMATTAN

Dernières parutions

OHADA

Code des investissements et des activités économiques (1re éd.)

Hygin Didace Amboulou

Pour mieux accompagner les opérateurs économiques de toutes origines et promouvoir ainsi les investissements, les Etats membres de l'OHADA disposent chacun d'une législation et d'une règlementation qui régissent l'ensemble des activités économiques, celles des petites et moyennes entreprises et celles des petites et moyennes industries. En attendant l'harmonisation de ces différentes législations, les voici présentées pour chaque état concerné.

(Coll. Études africaines, 464 p., 42 euros)

ISBN : 978-2-343-10520-8, EAN EBOOK : 9782140032080

SMART POWER IN BARACK OBAMA'S FOREIGN POLICY

A Systemic Approach to Diplomacy with the Gulf Cooperation Council

Hakim Zermouni

U.S. relations with the six nations in the Gulf Cooperation Council (Bahrain, Kuwait, Oman, Qatar, Saudi Arabia and the United Arab Emirates) have been characterized by the use of "smart power" during the administration of President Barack Obama. The evolution in how the United States carries out diplomacy in the region offers an opportunity to examine its value in strengthening relations with the countries involved. This book explores the concept of smart power as a modern outgrowth of more traditional forms of diplomacy. It then examines how the United States has applied it in its diplomatic dealings with each of the GCC countries individually, and assesses the benefits and drawbacks of its use in a critical part of the world.

(Coll. Diplomacy and Strategy, 284 p., 29 euros)

ISBN : 978-2-343-10083-8, EAN EBOOK : 9782140018329

LE LIVRE POÉTIQUE *EL ATHIR.* ANALECTES DE LA POÉSIE OMANAISE CONTEMPORAINE

Coordonné par Tayeb Ould Aroussi et Abdelrrazak El Rabei

Cet ensemble de poèmes réunit les écritures de six poètes du pays des mille et une nuits de notre imaginaire. Thèmes généraux dont les questionnements s'ouvrent sur le monde en soulignant les questions majeures du présent et tendent les mains du poème pour une fraternité commune.

(Collection Accent tonique, 116 p., 12,50 euros)

ISBN : 978-2-343-05381-3, EAN EBOOK : 9782336367729

LES DÉFIS DE L'IMPROBABLE

Fabienne Herbane

Roman

Parure emblématique du sultanat d'Oman, le kandjar fait partie de la personnalité de l'homme. Le Dr B vit la perte de son trésor comme un drame, une amputation. Sa recherche improbable parmi les éléments du feu, de la terre, du ciel, de l'eau et aussi de l'amour devient une priorité absolue, un devoir, une récompense divine. L'enquête nous transporte en Oman dans des lieux aussi insolites que magiques où des personnages vont se retrouver, se découvrir, se lier, partager leurs histoires et relever des défis d'honneur.

264 p., 22 euros

ISBN : 978-2-343-17069-5, EAN EBOOK 9782140116407

SULTANAT D'OMAN: RETOUR À L'HISTOIRE

Sous la direction de Jean-Paul Charnay et Yves Thoraval

Oman, ce pays enraciné dans une longue histoire, est bien peu connu en Europe. Les auteurs de ce livre, familiers de la région, ont voulu combler cette lacune : après une première évocation qui conduit le lecteur de l'antique Mascate au nouvel Oman, ils nous entraînent dans l'exploration de son passé riche "d'encens, de marins et de forteresses", puis dans la découverte de ce qu'il est aujourd'hui : un État qui a su adapter son système politique et son économie aux exigences de la modernité.

(Coll. Comprendre le Moyen-Orient, 112 p., 11,20 euros)

ISBN : 978-2-7384-6203-0

OMAN, RENCONTRES...

Textes de Patrick Mérand
Photographies de John Wreford et Ahmed Mohammed Al Toqi

Le sultanat d'Oman est très mal connu. Souvent confondu avec les émirats arabes, c'est un pays assez grand (de la taille de la Pologne), qui est montagneux (avec un sommet à plus de 3 000 mètres), dont la capitale (Mascate) ne comporte aucune tour, dont l'indépendance date de 1746 (sur les Perses)... Oman possède du pétrole, du gaz pour quelques années encore mais a prévu de se tourner vers un tourisme haut de gamme qui appréciera également ses 7 sites classés au patrimoine mondial de l'Unesco.

Sépia (192 p., 30 euros)
ISBN : 978-2-84280-247-9, EAN EBOOK : 9782842807610

LES RELATIONS ENTRE OMAN ET LA FRANCE (1715-1905

Sultan Muhammad Al-Qasimi
(Collection Comprendre le Moyen-Orient, 170 p., 17,80 euros)

Structures éditoriales du groupe L'Harmattan

L'Harmattan Italie
Via degli Artisti, 15
10124 Torino
harmattan.italia@gmail.com

L'Harmattan Hongrie
Kossuth l. u. 14-16.
1053 Budapest
harmattan@harmattan.hu

L'Harmattan Sénégal
10 VDN en face Mermoz
BP 45034 Dakar-Fann
senharmattan@gmail.com

L'Harmattan Cameroun
TSINGA/FECAFOOT
BP 11486 Yaoundé
inkoukam@gmail.com

L'Harmattan Burkina Faso
Achille Somé – tengnule@hotmail.fr

L'Harmattan Guinée
Almamya, rue KA 028 OKB Agency
BP 3470 Conakry
harmattanguinee@yahoo.fr

L'Harmattan RDC
185, avenue Nyangwe
Commune de Lingwala – Kinshasa
matangilamusadila@yahoo.fr

L'Harmattan Congo
67, boulevard Denis-Sassou-N'Guesso
BP 2874 Brazzaville
harmattan.congo@yahoo.fr

L'Harmattan Mali
Sirakoro-Meguetana V31
Bamako
syllaka@yahoo.fr

L'Harmattan Togo
Djidjole – Lomé
Maison Amela
face EPP BATOME
ddamela@aol.com

L'Harmattan Côte d'Ivoire
Résidence Karl – Cité des Arts
Abidjan-Cocody
03 BP 1588 Abidjan
espace_harmattan.ci@hotmail.fr

L'Harmattan Algérie
22, rue Moulay-Mohamed
31000 Oran
info2@harmattan-algerie.com

L'Harmattan Maroc
5, rue Ferrane-Kouicha, Talaâ-Elkbira
Chrableyine, Fès-Médine
30000 Fès
harmattan.maroc@gmail.com

Nos librairies en France

Librairie internationale
16, rue des Écoles – 75005 Paris
librairie.internationale@harmattan.fr
01 40 46 79 11
www.librairieharmattan.com

Librairie l'Espace Harmattan
21 bis, rue des Écoles – 75005 Paris
librairie.espace@harmattan.fr
01 43 29 49 42

Lib. sciences humaines & histoire
21, rue des Écoles – 75005 Paris
librairie.sh@harmattan.fr
01 46 34 13 71
www.librairieharmattansh.com

Lib. Méditerranée & Moyen-Orient
7, rue des Carmes – 75005 Paris
librairie.mediterranee@harmattan.fr
01 43 29 71 15

Librairie Le Lucernaire
53, rue Notre-Dame-des-Champs – 75006 Paris
librairie@lucernaire.fr
01 42 22 67 13

www.ingramcontent.com/pod-product-compliance
Lightning Source LLC
LaVergne TN
LVHW051402061026
849535LV00009B/3317
9782343185453